KB076992

세계 심리학 필독서 30

SHINRIGAKU NO MEICHO 30
ⓒ TATSUYA SATOU 2015

Originally published in Japan in 2015 by Chikumashobo Ltd.,TOKYO.
translation rights arranged with Chikumashobo Ltd.,TOKYO,
through TOHAN CORPORATION, TOKYO and EntersKorea Co., Ltd., SEOUL.

프로이트부터 스키너까지
심리학 명저 30권을 한 권에

사토 다쓰야
지음

박재영
옮김

세계
심리학 필독서
30

Must Read PSYCHOLOGY Classic 30

센시오

반드시 읽어둬야 할
심리학 필독서 30권

| 위대한 심리학 명저들을 한 권에 담다

인간의 마음을 다루는 심리학은 우리와 가장 가까이에 있는 학문이라 할 수 있다. 하지만 막상 접해보면 복잡하고 심오해서 깊이 파고들 엄두가 나지 않는다. 심리학에 더 쉽고 가볍게 들어설 방법은 없을까? 이 책은 그에 대한 답으로 명저를 말한다. 심리학 전문 용어나 어려운 이론을 공부하기 전에 먼저 명저를 접하고, 그 핵심적인 사상과 우리에게 미친 영향을 알아보는 것이다.

이 책은 그러한 심리학 명저들을 선정하여 소개하는 것을 목표로 한다. 명저의 선정 기준은 다음과 같다.

• 심리학 학설사상 중요한 논점을 제시한 책, 심리학을 깊이 이해하기 위해 알아두어야 할 저서들을 추려냈다.
• 심리학에 조예가 깊은 사람들을 위한 두껍고 전문적인 저서보다, 중요한 심리학자가 남긴 읽기 쉬운 책과 논문집을 우선했다.

이 책을 집필할 때는 저자인 심리학자들을 서로 연관시켜 설명하고자 했으며, 또한 각 저자들의 연구 배경을 알 수 있도록 심리학사적으로 서술했다. 때문에 독자들은 위대한 심리학자 서른 명의 저서 30권을 훑어보며, 고전부터 최신 이론까지 심리학의 전개도를 한눈에 이해할 수 있을 것이다.

그런데 위에서 말한 기준대로라면 수백 권의 책을 소개해야 하므로 또 한 가지 방법을 사용했다. 즉, 현대 심리학 구조를 기준으로 하여 그에 부합하는 심리학자들을 선정했다. 현대 심리학 분야는 크게 세 가지로 나뉜다.

1. 생물학적 인간에 초점을 맞춘 심리학
2. 발달·성장하는 존재로서 인간을 다루는 심리학
3. 사회적 존재로서 인간을 설명하는 심리학

생물학적 인간을 주제로 하는 심리학에서는 동물과 인간의 공통점과 차이점을 말한다. 이는 생물로서의 인간을 탐구하는 심리학이다. 행동구조와 인지 시스템을 연구하므로 인지·행동 영역이라고 부른다. 발달하는 인간을 다루는 심리학은 의미를 구성하며 인생을 걸어가는 인간을 탐구하는 심리학이다. 발달 과정을 검토하므로 발달 영역이라고 부른다. 사회적 인간을 다루는 심리학은 사회를 형성하고 외부의 영향을 받으며 즐기고 격투하는 인간 본연의 모습을 탐구하는 심리학이다. 사회에 대한 심리학이므로 사회 영역이라고 부른다.

즉 심리학에는 인지·행동, 발달, 사회라는 구조가 존재한다는 점이 이 책의 출발점이다(임상심리학은 각 구조 내에 포함된 것으로 간주한다).

위의 영역이 씨줄이라면 날줄은 연구가 지향하는 방향이라 할 수 있다. 심리학의 세 가지 지향점은 다음과 같다.

1. 내부의 규율과 원칙을 따르는 방향
2. 눈앞에 주어진 문제를 해결하고자 하는 방향
3. 원칙의 틀을 넘어 발전하려는 방향

이처럼 심리학의 영역이라는 세 씨줄과, 방향이라는 세 날줄로 틀을 설정하여 그에 들어맞는 형태로 명저들을 배치하고 선정했다. 그러다 보니 눈물을 머금고 제외한 저자들도 있었다.

분야별 나열 순서는 책의 출간연도를 따랐다. 그로써 각 분야가 발전해온 과정을 알 수 있도록 했다. 공부하는 대상의 구조를 명확히 해야 그것이 생성되는 과정을 효과적으로 이해할 수 있기 때문이다.

| 심리학 명저가 지금의 우리에게 던지는 의미

심리학 명저는 현대의 우리에게 어떤 가치가 있을까? 변화가 극심한 시대에 문제를 해결할 실마리를 얻을 수 있다는 것이 그 의미라고 생각한다.

예를 들어 심각한 사회문제로 불거진 학생들의 자살 문

제를 보자. 한국의 경우 한 달 평균 열 명에 이르는 초·중·고교생들이 극단적인 선택으로 세상을 등지는 실정이다. 정서적 위기를 겪는 위험군 학생의 숫자도 최근 급격히 늘어난 것으로 조사되었다.

이 문제를 교육심리학자 제롬 브루너의 문화심리학을 통해 접근해볼 수 있다. 브루너는 인간이 컴퓨터와 달라서 '이야기 모드'의 사고를 가동해 다양한 조건하에서 자기만의 세계를 구축한다고 말한다. 이야기를 통해 우리가 살아온 시간을 설명하고 삶에서 일어난 사건들을 의도적으로 구성해낸다는 것이다. 브루너의 내러티브 이론을 통해 학생들의 심리와 사고를 어떻게 유연하게 이끌어줄 것인지 힌트를 얻을 수 있다.

인간의 능력을 대체하는 인공지능은 어떨까. 세간을 떠들썩하게 했던 이세돌 9단과 알파고의 대결을 떠올려보자. 2016년 이세돌은 인공지능 슈퍼컴퓨터 알파고와 대국을 펼쳐 한 번의 값진 승리를 지켜낸 끝에 4대 1로 패했다. 일본의 장기 기사 하부 요시하루는, 컴퓨터와 인간의 사고 차이에 대해 이런 해석을 내놓기도 했다.

"인간 사고의 가장 뛰어난 장점은 읽기 생략이다. 쓸모없다고 생각되는 방대한 수를 감각적으로 버려 단시간에 최선의 수를 찾아낸다."

컴퓨터와 인간의 사고 차이를 더 깊이 이해하고 싶다면 안토니오 다마지오의 '소매틱 마커Somatic markers' 이론을 알아볼 것을 권한다. 인간이 추론이나 의사결정을 할 때는 정서와 느낌이 중요한 기능을 한다는 이론으로, 감정과 이성의 관계에 대해 한층 깊이 생각해볼 기회가 될 것이다.

이 책은 위의 두 저자를 포함해 현대의 우리에게도 분명한 가치와 의미가 담긴 논점을 제시하는 심리학자들의 명저를 담았다. 이 서른 권의 책을 통해 심리학이 발달해온 과정을 독자들이 직접 체험한 것처럼 생생히 느끼기를 바란다. 혹시 새롭게 관심이 생긴 저자나 저서가 있다면, 주저하지 말고 원전과 해당 저자의 다른 저서들을 읽어보길 권한다.

그렇게 독자들이 이 책 한 권을 통해 더 깊은 탐독과 사색의 길로 접어들 수 있기를 바란다. 나아가 심리학의 매력을 재발견해 일상에 활용하거나 새로운 연구에 임한다면 그보다 더 큰 기쁨은 없을 듯하다.

제2부 발달심리학

제3부 사회심리학

제4부 심리학의 새로운 방향

제1부

인지행동 심리학

1.
'의식의 흐름'을 주장한
근대 심리학의 기본서

BOOK 《**심리학의 원리** The Principles of Psychology》, **윌리엄 제임스**
William James(원저 1890)

미국 심리학의 아버지 윌리엄 제임스의 책으로, 인간 심리가 작동하는 원리를 파고든 심리학 고전이다. 제임스 심리학의 핵심을 알기 쉽게 요약했다.

1890년 제임스는 12년 동안 쓴 《심리학의 원리》를 발표했다. 이 책에서 그는 의식의 유동적인 성질에 주목했다. 그럼으로써 의식을 정적인 개념으로 보았던 그때까지의 사고

방식을 개혁했다. 제임스는 의식이란 단편적이지 않은 것이며 끊임없이 흐르는 강의 흐름과 같다고 보았다. 이 책에서 '의식의 흐름'이라는 용어를 처음 사용했으며, 자아를 I와 Me로 나누는 모델을 제안했다.

윌리엄 제임스는 미국의 심리학자이면서 철학자로 오랫동안 하버드대에서 심리학, 철학, 생리학을 가르쳤다. 미국 최초의 심리학 수업을 개설하고 비공식적인 심리학 실험실을 세우기도 했다. 수차례 강연을 통해 심리학사에 길이 기억될 중요한 명언들을 남긴 제임스는 평생 인간의 정신에는 생물학적 개념으로 해석할 수 없는 영역이 존재한다고 주장했다.

세계 각국의 언어로 번역되어 출간된 제임스의 저서는 현대에도 꾸준히 읽히고 있으며 오늘날 심리학사에서 빌헬름 분트Wilhelm Wundt 와 함께 '심리학의 아버지', '근대 심리학의 창시자'로 불린다. 유명한 소설가 헨리 제임스Henry James 의 형이자, 교육학자 존 듀이John Dewey, 심리학자 에드워드 손다이크Edward Lee Thorndike 의 스승이기도 하다.

| 의식은 끊임없이 흐른다

윌리엄 제임스는 심리학에 끊임없이 영향을 미치는 거장 중 한 명이다. 1890년 그는 12년 동안 쓴 《심리학의 원리》를 출간했다. 1,300쪽이 훌쩍 넘는 방대한 양이어서 2년 후 요약판 《한 권으로 읽는 심리학의 원리》를 냈다.

제임스는 '심리학은 의식에 대한 학문이다'라는 정의에 동의하면서도 의식을 자연과학적 측면에서 다루었다. 이전의 심리학에서는 마음을 영혼과 본질이 같다고 생각했지만 근대 심리학에서는 영혼이 아닌 마음이라는 개념 자체로 그 기능을 파악하려 한다. 그런 의미에서 제임스는 빌헬름 분트와 함께 근대 심리학의 창시자로 꼽힌다

《한 권으로 읽는 심리학의 원리》에서는 맨 먼저 감각, 지각(시각, 청각, 촉각)을 설명하고 생물학적 측면에서 인간에 대한 실험의 연구성과를 밝힌다. 수많은 심리학 교재가 감각에서부터 시작되는 것은 제임스의 영향을 받았기 때문일 것이다.

이 책의 다음 주제는 의식의 흐름, 습관, 자아다. 의식의 흐름이라는 개념은 의식을 순간적, 찰나적 구조로 파악했던 기존의 관념과 상반된다. 끊임없는 의식의 흐름을 중시해야

한다는 주장은 구조가 아닌 기능을 파악해야 한다는 뜻이다. 또한, 흐름에서는 시간을 중요하게 여긴다. 이는 앙리 베르그송Henri-Louis Bergson의 생각과도 일치한다. 논리학에서는 의식이라는 개념뿐 아니라, 시간의 흐름에 따라 의식이 변한다는 발상 자체를 다루기 어려워했다(논리학에서는 A=A라는 개념이 언제 어디서든 성립되는 것이 전제이기 때문이다). 그래서 제임스는 의식의 흐름, 즉 가변적이고 유동적인 의식의 속성을 역설함으로써 한계를 극복하고자 했다.

| 제임스의 영향

심리학에서 기초가 되는 '자아' 개념의 역사는 처음 영국 철학자 존 로크John Locke에서 시작되었다. 그는 자아를 움직이지 않고 가만히 멈춰 있는 확고한 존재로 생각했다. 반면에 제임스는 자아 개념을 자신에 대해 관찰하고 인지하는 주체적 자아I(인식하는 자)와, 이를 통해 얻은 자신에 대한 지식을 의미하는 경험적 자아Me(인식되는 자)로 분류했다. 주체적 자아가 자아의 활동적이고 생산적인 부분이라면 경험적 자아는 한걸음 물러서서 자신의 감정과 행동을 객관적으로 판단하고 이해하는 능력이라 할 수 있다. 이런 생각은 사회학에도 영향을 미쳐 조지 미드[George Mead]의 사회적 자아 이론으로 이어졌다.

제임스의 또 한 가지 흥미로운 이론으로 '철학자의 이분법'을 들 수 있다. 철학의 두 가지 큰 주장인 합리론과 경험론 중 어느 쪽을 선택할지는 철학자의 기질에 달려 있다는 도발적인 가설이다. 제임스는 사람의 기질을 유연한 마음과 딱딱하게 굳은 마음으로 나누어 설명했다. 철학자의 기질 이분법은 칼 구스타프 융을 비롯한 여러 심리학자들에게 영향을 미쳐 1920년대 성격유형론으로 발전했다.

| 《심리학의 원리》의 여파

《심리학의 원리》와 《한 권으로 읽는 심리학의 원리》에서 지향한 자연과학적 심리학의 확립은 윌리엄 제임스 입장에서 볼 때 실패로 끝났다. 심리학은 물리학으로 말하면 갈릴레오 갈릴레이[Galileo Galilei] 이전과 같은 상태라는 것이 그의 견해였으며 자신도 심리학에 관심을 잃었다.

《한 권으로 읽는 심리학의 원리》의 마지막 장 주제는 심리학과 철학이다. 여기서 제임스는 자유의지 문제를 다루었다. 자연과학은 인과율을 전제로 한다. 그래서 초기 조건이 주어지면 결과가 결정되어 반복적으로 실험하고 수식으로 나타낼 수 있다고 가르친다. 한편, 자유의지라는 주장은 무엇의 무엇에 대한 자유인지는 제쳐두더라도 인과율적 세계와 일치한다고 생각할 수 없다.

결국 이 책은 심리학 비판으로 끝을 맺는다. 하지만 아이러니하게도 이 두 권의 책을 출간한 윌리엄 제임스는 세계적인 심리학 석학으로서 명성이 높아졌고 강연 의뢰도 쇄도했다. 원숙한 50대 시기에 수많은 심리학 강연을 했고 이를 토대로 《선생님이 꼭 알아야 할 심리학 지식Talks to Teachers on Psychology》을 출간했다. 이 책의 서문에서 그는 말하기를, 분석적이고 전문적인 화제는 청중이 싫어하며 현실에 응용할 수 있는 이야기를 가장 선호한다는 사실을 알게 되었다고 한다. 그래서 후자를 더 비중 있게 다루었다고 밝힌다.

《선생님이 꼭 알아야 할 심리학 지식》의 1장은 '심리학과 학생을 가르치는 기술'이며 2장에서는 다시 '의식의 흐름'을 다룬다. 윌리엄 제임스는 의식은 강물처럼 끊임없이 흐르는 것이라고 말한다. 그렇기에 '의식은 어떤 구조로 이루어져 있는가?'라고 의미 없는 질문을 할 것이 아니라 '어떤 기능이 있는가?'를 생각해야 한다고 이야기한다. 이것이 곧 '행동하는 유기체의 이동'이다.

제임스는 쉽게 말해 지식을 쌓고 특정한 행위를 하는 것이 의식의 흐름이라고 주장했다. 이론과 실행, 이상주의와 행동주의는 서로 반대되는 개념이지만 의식이 수행하는 기능을 생각할 때 둘 다 중요하다는 것이다. 그는 청중인 교사들에게 행동을 중시하라고 호소했다. 교육의 중요한 목적은 행동하도록 만들기 위해서이기 때문이다.

이어서 8장 '습관의 법칙'에서는, 습관은 제2의 천성이며 교사는 습관의 중요성을 인식해야 한다고 강조한다. 일반적으로 버릇이라고 표현하는 행동은 습관으로 이어진다. 좋든 나쁘든 습관이야말로 개인의 운명을 결정한다고 제임스는 말한다.

"생각이 바뀌면 행동이 바뀌고, 행동이 바뀌면 습관이 바뀌고, 습관이 바뀌면 인격이 바뀌고, 인격이 바뀌면 운명이 바뀐다."

아마도 이 구절을 한 번쯤 들어보았을 것이다. 많은 사람들이 좌우명으로 삼는 이 말은 윌리엄 제임스의 사상에서 비롯되었다고 보아도 좋을 것이다.

| 심리학의 아버지

1842년 제임스는 신학자 집안에서 태어났다. 이 무렵은 심리학사에서 중요한 시기다. 그가 태어나고 얼마 후부터 근대 심리학 성립에 토대가 된 사건들이 연달아 일어났다.

1859년에는 진화론을 주장하여 심리학에도 큰 영향을 미친 찰스 다윈Charles Robert Darwin이 《종의 기원The Origin of Species》을 발표했다. 또한, 1860년에는 구스타프 페히너Gustav Theodor Fechner가 《정신물리학 요론Elemente der Psychophysik》을 출간했고 모리츠 라차루스Moritz Lazarus는 〈민족심리학과 언어학 잡지Zeitschrift für Völkerpsychologie und Sprachwissenschaft〉를 창간했다.

1879년은 독일 심리학자 빌헬름 분트가 라이프치히대에 심리학 실험실을 설립한 해였다. 실질적인 면에서는 지금과 차이가 있지만, 의미상으로는 심리학 전공생을 조직적으로 훈련시켜 졸업시키는 제도가 마련된 해다. 근대 심리학의 조상이라고 할 수 있는 분트는 매우 많은 작품을 썼지만 이후 그의 저서를 찾아 읽는 사람은 많지 않다. 반면에 제임스의 저서는 현대에도 꾸준히 읽혀 오늘날 심리학사에서는 제임스를 분트와 함께 '심리학의 아버지'라고 부른다. 훗날 월리엄 제임스는 철학으로 관심을 옮겼다. 처음 관심을 보였던 분야는 의학과 생리학이었기 때문에 생리학→심리학→철학으로 변천 과정을 겪었다고 본다.

노후에 제임스는 《종교적 경험의 다양성The Varieties of Religious Experience》(1902), 《실용주의Pragmatism》(1907), 《다원적 우주A Pluralistic Universe》(1909), 《근본적 경험론에 관한 시론Essays in Radical Empiricism》(1912)을 출간했다.

《다원적 우주》는 1908년 옥스퍼드대 강의를 토대로 쓴 책이다. 이 책에서 제임스는 우주가 끊임없이 변화하며, 매우 다양한 형태를 띤다고 설명한다. 그렇기에 과학적으로 접근해서는 우주의 참모습을 제대로 알 수 없고 오직 경험을 통해서만 우주의 단면을 파악할 수 있다고 한다. 우리의 경험은 다양하기 때문에 저마다의 경험만큼이나 다양한 우주 속에 살고 있다. 이는 서양 사상의 기본인 데카르트Descartes 식 확고한 '자아'에 대한 반대 명제라 할 수 있다. 윌리엄 제임스는 마음의 작용뿐 아니라 그 다양성에 관심을 가진 사람이었다.

2.
한 번 들은 것을 모두 기억할 수 있다면 행복할까?

BOOK 《**모든 것을 기억하는 남자**The Mind of a Mnemonist》, **알렉산 드르 로마노비치 루리야**Alexander Romanovich Luria(**원저 1968**)

《모든 것을 기억하는 남자》는 기억력이 남다른 한 남자의 세계를 그린다. 저자 루리야는 기억력 검사를 받고 싶다며 찾아온 기자 솔로몬 셰르솁스키Solomon Shereshevsky와 만난다. 이 남자는 고도로 발달한 공감각 능력의 소유자였다. 보고 들은 모든 것을 사진처럼 선명하게 머릿속에 넣어 두었다가 필요할 때 언제든지 꺼내 떠올릴 수 있었다, 루리야는 수십 년 동안 셰르셉스키와 꾸준히 접촉하며 그 놀라운 기억력의 비밀을 낱낱이 탐구해 이 책을 썼다.

이 책은 기억의 병리학에 대한 임상 보고서라는 점과 기억 전반에 대한 이해 폭을 넓혀 주었다는 점에서 심리학 고전으로 평가받는다. 탁월한 기억력에 대해 고찰하는 것은 물론 기억의 현상과 이상발달을 함께 살펴볼 수 있다.

이 책을 쓴 알렉산드르 로마노비치 루리야는 러시아 출신의 세계적인 신경심리학자다. 카잔대학의 카잔 정신분석협회를 설립했고 지그문트 프로이트와 서신을 교환하기도 했다. 1923년 그는 사고 과정과 반응시간의 관계 연구로 학계의 인정을 받고 모스크바 심리학연구소에서 일하게 되었다. 이곳에서 인지심리학자 레프 비고츠키를 만나 영향을 받았다. 이 연구소에서 인간의 사고 과정을 분석하는 방법을 기술한 '연관 신경 방법Combined motor method'을 고안했는데 이것이 최초의 거짓말 탐지기의 원리가 되었다. 1930년대 말 다시 의과대학에 진학해 실어증을 연구했다.

| 기억이란 무엇일까?

20년 만에 고등학교 동창회에 갔더니 한 친구가 불쑥 이렇게 물었다.

"어이, 총재! 너는 스물다섯 살까지만 살 거라고 하지 않았나?"

'총재'는 고등학교 시절의 별명이다. 이 별명으로 불렸던 적은 평생 그때가 유일하다. 그 시절에 내가 정말 그런 민망한 말을 했는지는 기억조차 나지 않았다.

동창회에 간 덕분에 고교 3년 동안 내 별명을 부른 친구와의 추억이 떠올랐다. 졸업 후 수십 년이 지났으니 냉동된 듯한 기억이다. 그 기억을 동창회의 뜨거운 열기가 녹인 걸까?

총재라는 별명을 듣고 기분이 묘했는데 나도 그 친구에게 "회장, 잘 지냈어?"라고 무심결에 응답했다. 친구의 옛 별명이 입 밖으로 튀어나온 것이다. 모든 동창생이 우리 둘에게 "총재!", "회장!" 하고 부르면서 인사하는 게 영 어색했다.

기억이란 무엇일까?

기억을 주제로 이야기하면 '그 사람 이름이 뭐였더라. 잘 기억이 안 나네.' 하는 식의 망각을 먼저 떠올린다. 대부분의 사람들은 기억력이 더 좋아져서 뭐든 기억할 수 있기를 바란다. 세월이 흘러 뭔가를 점점 잊게 되는 것이 아쉽기만 하다. 그렇다면 잊지 않는 것은 가능할까? 잊지 않으면 행복할까?

| 기억의 분류

심리학은 기억에 대해 몇 가지 학설을 만들어냈다. 가장 초기에 기억에 대한 연구를 수행한 사람은 독일 심리학자 헤르만 에빙하우스Hermann Ebbinghaus였다. 그는 '무의미 철자'라는 도구를 개발해 '자음, 모음, 자음'의 알파벳 세 문자로 이루어진 문자열을 얼마나 외울 수 있는지 연구했다. 시간이 경과함에 따라 외운 내용을 얼마나 망각하는지를 측정하여 만든 그래프를 '에빙하우스 망각곡선'이라고 하는데 이 개념은 지금까지도 널리 쓰인다.

고전 이론에서는 기억을 장기 기억과 단기 기억으로 분류한다. '아, 그게 초등학교 때 교장 선생님 이름이었지?'는 장기 기억이다. '아까 알려준 거래처 전화번호 메모하는 걸 잊었어. 몇 번이더라?'는 단기 기억이다. 이때 복습은 단기 기억을 장기 기억으로 변환하여 정착하도록 만들어준다.

심리학자 조지 밀러George A. Miller는 〈매직 넘버 7±2Magic Number 7±2〉라는 유명한 논문에서 인간은 한 번에 겨우 5~9개 전화번호만 외울 수 있다고 주장했다. 그런 의미에서 전화번호가 7~8자리라는 사실은 상당히 합리적이라 할 만하다.

심리학에서는 기억을 떠올리는 행위를 분류하기도 한다. "미국 초대 대통령은 누구인가?"라는 질문에 "조지 워싱턴"이라고 대답하는 것은 '재생'이며 "미국의 초대 대통령은 워싱턴인가?"라는 질문에 "네"라고 대답하는 것은 '재인식'이다.

당연히 재인식이 쉽다. 하지만 둘 다 오류가 생길 수 있고 그 오류가 인생을 바꿀 수도 있다고 엘리자베스 로프터스Elizabeth F. Loftus는 지적했다.

심리학자들의 기억 분류는 계속되었다. 에스토니아 심리학자 엔델 툴빙Endel Tulving은 기억을 '서술 기억'과 '절차 기억'으로 나누고 전자를 다시 '의미 기억'과 '일화 기억'으로 나누었다. 의미 기억은 단순 암기에 해당하고 일화 기억은 자신의 경험, 일의 흐름과 순서에 대한 기억이다.

영국 심리학자 앨런 배들리Alan Baddeley는 워킹 메모리(작업 기억) 모델을 만들었다. 이 모델은 머릿속에서 순식간에 사라지는 작업 기억을 정착시키기 위해 우리 뇌가 음운 고리

(복창)나 시·공간 스케치북(이미지 재현)이라는 보조 시스템을 이용한다고 가정했다.

일반적으로 기억을 과거에 일어났던 사건으로 여기는데 '다음 주는 남자친구 생일이다'처럼 미래에 대한 기억도 있다. 이를 전망적 기억이라고 한다. 전생의 기억을 말하는 사람도 있지만 검증할 수 없어 심리학에서는 다루지 않는다.

| 특수한 기억의 소유자

심리학자가 주장한 기억의 학설을 대충 훑어봤는데 이런 학설은 수백 건 이상의 실험 연구를 만들어냈다. 실험으로 확인할 수 있어야 이론으로 가치가 있다고 여기는 게 심리학의 자세다. 하지만 실험 연구에는 한계가 있다. '기억력이 뛰어난 사람은 인생을 어떻게 살아가는가?'와 같은 의문은 실험할 수 없기 때문이다.

애초에 심리학은 감각, 지각, 판단, 사고, 기억 등으로 과정을 나눠 연구한다. 그것을 이점으로 생각하는 사람도 많지만 인간의 전체 모습에 다가갈 수 없다는 단점도 있다.

러시아의 심리학자 루리야는 우연한 기회를 통해, 기억

이 한 사람의 인생에 어떤 영향을 끼치는지 관찰하고 연구할 수 있었다. 1920년대에 루리야는 '기억력 검사를 받고 싶다'며 찾아온 한 남자를 만나 놀라운 연구를 시작하게 된다. 솔로몬 셰르솁스키라는 남자의 뛰어난 기억력에 대한 이야기, 그리고 그 인격의 또 다른 측면과 솔로몬이 어떤 인생을 살았는지에 대해 책을 썼다. 그 책이 바로《모든 것을 기억하는 남자》다.

이 책의 주인공 솔로몬은 음악가의 꿈을 이루지 못하고 신문기자가 되었다. 신문기자는 하루 동안에도 취재를 여러 건 해야 할 때가 있다. '데스크'로 불리는 상사가 솔로몬에게 긴 취재처 리스트를 알려줬는데 그는 필기를 하지 않았다. 불성실한 모습에 상사가 화를 내자 솔로몬은 취재처 리스트를 완벽하게 줄줄 외워 보였다. 재인식이 아니었다. 게다가 필기 없이 무엇이든 기억하는 자신의 능력을 특별하게 생각하지도 않았다. 30자리든 70자리든 문제없이 숫자를 외웠고 10여 년 전 사건도 생생히 기억해냈다.

어떻게 이것이 가능했을까? 직관상과 공감각이라는 특이한 능력 덕분이다. 직관상은 눈이 카메라처럼 작동해 영상을 저장하는 것을 말한다. 일반인은 한 건물을 보고 몇 층인지 바로 알 수 없지만 직관상이 뛰어난 사람은 자신이 축적한 직관상을 바탕으로 천천히 셀 수 있다.

공감각이란 하나의 감각 자극에서 여러 감각 자극이 일어나는 현상이다. 앞에서 설명했듯이 심리학에서는 인간의 인지 과정을 '감각, 지각, 판단, 사고, 기억' 형태로 분할해 생각하며 각 과정을 나누어서 다루므로 공감각 연구는 어렵다. 또한 많은 사람이 가진 성질이 아니면 연구하기 어렵다는 한계 때문에 솔로몬과 같은 사람이 가진 특수한 능력은 좀처럼 검토할 수 없다. 참고로 빌라야누르 라마찬드란은 공감각 현상을 인정하지 않았다.

| 망각이 필요한 이유

루리야 연구의 주인공 솔로몬은 신문기자로 성공하지 못하고 기억술사가 되었다. 하지만 그의 기억을 뒷받침하는 직관상과 공감각이 항상 장점으로만 작용한 것은 아니었다. 오히려 생활에 지장을 줄 때도 있었다. 말과 동시에 다른 감각들이 작동한다는 것은 때로 불편한 일이었다.

솔로몬에게는 문장, 특히 시에 담긴 의미를 해석하는 일이 무엇보다도 어려웠다. '그는 계단을 내려가기 시작했다'

라는 시적 표현을 생각해보자. 어려움에 맞서 싸운 끝에 체념한 상황을 빗대어 표현한 것이다. 솔로몬의 경우 이 문장을 읽으면, 누군가가 일을 그르쳐서 상사에게 혼이 나는 이미지 위에 그가 실제로 계단을 내려가는 모습이 겹쳐 혼란에 빠지고 만다.

솔로몬은 관련 없이 나열된 단어를 외우는 데 특별한 능력을 보였지만 일상에서 여러 비유를 포함한 풍부한 표현을 이해하는 데는 한계가 있었다.

솔로몬의 사례를 통해 우리는 무언가를 잊는다는 일이 때로 얼마나 의미 있는지 다시 생각해보게 된다.

3.
새로운 행동주의 선언

BOOK 《**자유와 존엄을 넘어서**Beyond Freedom and Dignity》, 벌허스 프레더릭 스키너Burrhus Frederic Skinner(원저 1971)

《자유와 존엄을 넘어서》는 하버드대 심리학과 교수이자 20세기 가장 영향력 있는 심리학자, 또한 동시대 가장 위대한 심리학자로 꼽히는 벌허스 프레더릭 스키너가 쓴 책이다. 행동주의에 입각한 행동분석의 바이블이면서 대중의 뇌리에 스키너를 사회사상가로 남게 만든 책이기도 하다.

스키너는 이 책에서 새로운 인간관과 문화관을 제시했

다. 인간의 행동은 자신의 내부가 아닌 외부 환경을 통해 유래하며 자유의지를 가정할 필요가 없다는 그의 주장은 큰 반발을 불러일으켰다. 하지만 스키너는 처벌 대신 보상을 통해 모두가 존엄하게 살아갈 세상을 만들어야 한다는 사상을 굳건히 고수했다.

이 책을 통해 1930년대부터 1960년대까지 미국 심리학계를 휩쓴 행동주의 심리학의 기본 입장과, 행동주의 심리학의 인간에 대한 접근 방식을 상세히 살펴볼 수 있다.

《자유와 존엄을 넘어서》가 출간되자 스키너는 화제의 인물로 부상했다. 그는 인간을 지나치게 단순화, 객관화했다는 비판을 받기도 했다. 하지만 마음의 측면을 다양하게 기술할 수 있음을 증명해냈다는 점에서 스키너의 사상은 혁명적이라 평가받는다.

| 행동을 분류하다

동물의 한 종으로서 인간의 행동은 두 가지로 나뉜다. 반응 행동Respondent behavior과 작동 행동Operant behavior이다. 전자는 쉽게 말해 반사다. 무릎 아래를 두드리면 다리가 쭉 펴지는 슬개건 반사를 예로 들 수 있다. 후자는 반사 외의 자발적인 행동을 말한다. 자발적 행동의 특징 중 하나는 칭찬받은 행동을 반복한다는 것이다.

여기서 칭찬이란, 긍정적인 결과가 일어나거나 외부에서 포상을 얻는 등 넓은 의미까지 포함한다. 이런 좋은 결과가 나타나면 인간은 똑같은 행동을 반복할 수 있다. 인간의 행동에 관한 이러한 분류는 20세기 이후에 가능해졌는데 그 분류를 처음 시도한 인물이 바로 스키너다.

| 행동주의의 탄생

행동이란 무엇인가?

이 물음에 스키너리언(스키너식 행동주의자)은 '데드맨 테스트^{Dead-man test'}를 답으로 제시한다. 즉 죽은 사람(시체)도 할 수 있는 일은 행동이 아니며 죽은 사람이 할 수 없는 일이 행동이라는 뜻이다. 이 기묘한 정의에 의하면 '죽는다'라는 행위는 행동 그 자체를 뜻한다. 죽은 사람이 죽을 수는 없기 때문이다.

스키너가 심리학에 관심을 가지고 박사과정을 밟은 1920년대 심리학계에서는 행동주의가 이미 힘을 발휘하기 시작했다.

먼저 19세기 말까지 미국의 심리학자 에드워드 손다이크는 동물의 행동을 연구해서 '학습의 시행착오설'을 밝혀냈다. 그는 '문제상자^{Puzzle boxes'}를 고안했는데 이 상자에는 고리, 페달, 판 등 여러 장치가 달려 있고 그중 단 하나의 장치만이 상자의 문을 열 수 있도록 되어 있다. 그는 문제상자에 굶긴 고양이, 개, 병아리와 같은 동물들을 넣고 탈출하는 데 얼마나 시간이 걸리는지 관찰했다. 그 결과, 동물들은 처음에 쓸데없는 행동을 하느라 오랜 시간을 보내다가 탈출하는 속도가 점차 빨라지는 것을 알 수 있었다. 이 실험을 통해서 동물이 특정한 반응으로 만족스러운 결과를 초래하면 계속 반복하지만 그렇지 않으면 반복하지 않는다는 '손다이크의 법칙'이 알려졌다.

러시아 생리학자 이반 파블로프Ivan Petrovich Pavlov는 소화샘 연구에 몰두해 1904년 노벨 생리학, 의학상을 수상했다. 그는 수상 강연에서 자신이 발견한 '조건반사' 현상을 거론했다. 파블로프는 음식을 먹을 때만 분비된다고 생각한 침이 사육사의 발소리만 들어도 분비된다는 사실을 알아냈다.

이전까지 심리학계에서는 의식을 연구 대상으로 삼았다. 윌리엄 제임스가 대표적인 경우다. 이런 시각은 한편으로 비판을 받았는데, 의식이란 내적인 일이어서 다루기 어렵고 자의적 결과가 나오기 쉽다는 이유 때문이었다.

이런 상황에서 37세 젊은 나이에 미국심리학회장에 선출된 존 왓슨John Broadus Watson은 과학으로서 심리학의 대상은 의식이 아니라 행동이어야 한다고 선언하고 공공성이 있는 관찰에 근거한 연구야말로 심리학이 나아갈 길이라고 주장했다. 1913년 소위 '행동주의' 선언이다. 또한 그는 감정 조건화 연구로 공포심이 조건화되는 것을 증명했다. 인위적으로 공포감을 준다는 점에서 이 연구는 윤리적으로 문제가 있었다. 하지만 공포감을 심어줄 수 있다면 제거할 수도 있다는 의미에서 그의 연구는 인지행동 치료의 토대가 되었다.

행동주의 고조기에 대학원생이 된 스키너는 훗날 '스키너 상자'로 불린 실험장치를 고안했다. 이 상자 안에 동물을 넣어 두고 빛이나 소리 신호 같은 특정 자극에 대해 특정 행동을 하도록 가르친다. 동물이 특정 행동을 정확하게 수행하면 먹이를 주거나 보상을 하고 그렇지 못할 경우 체벌을 가하는 식으로 운영한다.

예를 들면 쥐가 자유롭게 움직일 수 있는 넓은 상자 안에 레버가 설치되어 있는데 그것을 누르면 먹이가 나온다. 파블로프의 개가 완전히 구속당하거나 지각실험에서 피실험자의 얼굴이 턱받침 등으로 고정되는 것과 달리 스키너의 장치는 어느 정도 자유롭게 행동할 수 있는 여건을 주었다.

스키너는 직접 개발한 이 장치를 사용해 다양한 데이터를 수집하고 반사 개념에 대한 이론적, 실험적 연구를 진행해 1931년 박사학위를 땄다. 이후 1938년《유기체의 행동 The Behavior of Organisms》을 출간할 무렵까지 스키너는 행동에 두 가지 종류가 있음을 간파했다. 이를 반응 행동과 작동 행동으로 분류해 이론을 전개했다. 전자는 파블로프가 조건을 부여해 끌어낸 수동적 행동인 반면, 후자는 손다이크가 다룬 자발적 행동이다.

스키너는 행동을 수동적 행동과 자발적 행동으로도 나누었는데 (A) 특정 조건에서의 (B) 자발적 행동이 (C) 외부 반응에 어떤 영향을 받는지 연구하는 것을 과제로 삼았다. 특정한 선행 조건^{Antecedent}, 행동^{Behavior}, 그 결과^{Consequence}의 연결(이니셜을 따 ABC)을 스키너는 수반성이라고 불렀다. 시간의 흐름 속에서 행동을 파악하고자 한 것과, 수동적 행동이 아니라 자발적 행동을 대상으로 삼은 것은 스키너의 커다란 업적이다.

| 처벌을 반대한 최초의 심리학자

《자유와 존엄을 넘어서》가 출간되자 스키너는 화제의 인물로 〈타임^{Time}〉지 표지를 장식했다. 여러 TV 프로그램에서 섭외 요청도 쇄도했다. 하지만 그의 사상은 한편으로 큰 반발을 불러일으키기도 했다. 인간의 행동은 자신의 내부가 아닌 환경에서 유래하며 자유의지를 가정할 필요가 없다는 주장을 포함했기 때문이다. 보수(좋은 결과)로 인간의 행동을 유도하는 문제도 비판의 대상이 되었다.

스키너는 처벌을 반대한 최초의 심리학자 중 한 명이지만 그런 면은 주목받지 않았다. 처벌 대신 보수를 근거로 행동을 끌어냄으로써 모두가 존엄하게 살아갈 세상을 만들어야 한다는 것이 그의 근본적인 사상이다.

대부분의 심리학자가 처벌은 효과가 없다고 주장한다. 이에 의견이 다른 심리학자는 거의 없다. 처벌은 효과가 없을 뿐만 아니라 한 사람의 인격에도 부정적인 영향을 미친다. 처벌하는 사람이 행동의 옳고 그름을 자의적으로 결정한다는 것도 문제가 된다. 확실히 자유와 존엄에 위협이 되는 방법이다.

| 윌리엄 제임스로부터 받은 영향

스키너의 행동주의는 '마음이라는 개념을 부정하는 심리학'이라 비판을 받았다. 하지만 그는 행동의 원인으로 내적인 요인을 가정할 필요는 없다고 했을 뿐이다. 인간은 환경과 상호작용하기 위해서 행동하기 때문에, 행동하게 만든 원인을 내면에서 찾는 것은 무의미하다는 이야기다.

그는 자신의 사상을 'Radical behaviorism'이라고 명명했다. 이를 급진적 행동주의라 번역하여 기계론적 행동주의를 고수한 것처럼 오해할 수도 있지만 사실은 그렇지 않다. 원래 이 명칭은 윌리엄 제임스가 발표한《근본적 경험주의Radical Empiricism》를 모방한 것이다. 경험주의로 일관하면 철저하게 행동을 대상으로 삼아 심리학을 발전시킬 수 있다고 스키너는 생각했다.

애초에 존 왓슨의 행동주의는 윌리엄 제임스의 기능주의 흐름에 있었다. 그러므로 스키너는 제임스의 영향을 받았다고 할 수 있다. '무엇이 마음을 구성하는지 판단할 수 없다. 하지만 마음의 측면을 다양하게 기술할 수 있다'는 것을 스키너는 증명해냈다. 그런 의미에서 스키너의 생각은 혁명적이며, 또한 행동 치료와도 관련지을 수 있다.

| 가치와 문화를 분석하다

《자유와 존엄을 넘어서》의 차례를 보면 자유와 존엄에 대한 장이 있고 그 뒤에 처벌을 비판하고 처벌의 대안을 제시하는 내용이 이어진다. 후반부는 가치, 문화의 진화, 문화의 설계에 대해 다룬다. 가치의 장에서 스키너는 가치와 그 집합체로서 문화를 말한다. 인간의 행동을 형성하고 유지하는 중요한 존재로서 이를 설명했다.

스키너에게 가치란 강화 인자(넓은 의미에서의 보수)를 얻기 위해 타인이 부여한 가이드라인과 같다. 이를 명시하면

규칙이나 법이 된다. 또한, 스키너는 타인에게 통제당해야만 생존할 수 있는 상황이야말로 가치 상실 상태라고 지적했다.

에이브러햄 매슬로가 가치 상실로 괴로워하는 인간을 '무기력, 부도덕, 공허, 절망, 믿는 존재나 헌신할 대상의 상실'로 기술한 것을 참조하며 스키너는 이런 상태가 나타나는 것은 내적 상태 때문이 아니라 효과적인 강화 인자가 없기 때문이라고 분석했다. 이런 분석이 무미건조하다는 의견도 많겠지만 스키너는 확고하다. 문화는 사회 환경이며 이를 통해 인간은 행동을 형성하고 유지하게 된다고 그는 말한다.

문화는 사회에 일정한 질서를 부여한다. 하지만 문화는 인간에 의해 다시 쓰인다. 그리고 문화의 영향을 받아 인간 또한 달라진다. 흥미롭게도 스키너는 그 누구도 '특정 문화의 구성원'이라 표현할 수 없다고 강조했다. 이는 문화심리학자 얀 발지너의 주장과도 같다. 인간은 문화에 예속된 게 아니라 유연하게 행동을 선택하기 위해서, 자유롭게 문화라는 시스템을 사용한다고 생각했다.

앞서 말했듯이 데드맨 테스트라는, 인간을 무시하는 정의에 따르면 죽음은 행동 그 자체다. 자유의지에 입각해 안락사를 선택할 권리가 있다고 주장하고 실행하는 사람들의 모임인 헴록협회Hemlock Society 회원이던 스키너는 연명 치료를 거부했다. 그리고 논문 한 편을 다 쓴 다음 날 사망했다.

그의 딸 줄리의 말로는 임종을 앞둔 스키너의 입이 말라 있어서 물을 흘려 넣었더니 "경이롭구나Marvelous"라고 중얼거렸다고 한다. 연명 치료를 거부하고 자발적 행동으로 죽음을 선택한 신행동주의자 스키너의 마지막 순간이었다.

4.
디자인은 어떻게
인간의 행동을 유도하는가?

BOOK 《디자인과 인간 심리 The Design of Everyday Things》, 도널드 노먼 Donald A. Norman(원저 1988)

인지심리학자 도널드 노먼의 책 《디자인과 인간 심리》는 1988년 초판이 출간된 이래 25년 이상 널리 독자들의 사랑을 받았고 지금은 디자인 분야의 고전으로 인정받고 있다.

이 책은 문, 온도조절기, 자동차 등의 일상용품을 예로 들어 인간의 행동과 심리를 이해하도록 도와주는 대중심리서로 큰 인기를 끌었다. 이 책에서 노먼은, 디자인의 역할이란 곧 사용자의 경험을 풍부하게 만들고 실수를 유발하지 않도록 돕는 것이라고 강조한다. 디자인의 심리학적 원리와 실제의 복잡성을 정확히 묘사한 디자인 입문서로도 가치가 크다.

도널드 노먼은 〈비즈니스 위크Business Week〉가 선정한 '세계에서 가장 영향력 있는 디자이너'로 꼽혔으며, 사용자 경험UX; User Experience 디자인 개념과 인간 중심 디자인 분야를 개척한 심리학자이자 디자인 교육자로 평가받는다. 디자인 컨설팅 기업 닐슨노먼Nielsen Norman Group의 공동설립자이자 디자인 전문기업 아이디오IDEO의 이사, 애플 부사장으로 재직하기도 했다.

노먼은 디자인을 중심으로 심리학, 공학, 경영학 등 여러 분과가 융합되는 종합과학으로서 디자인학의 비전을 제시했다. 현재 캘리포니아대와 노스웨스턴대 명예교수다.

| 엘리너 깁슨의 행동유도성 이론

2014년 노벨물리학상은 청색 LED를 발명하고 실용화한 공로로 아카사키 이사무赤崎勇 교수 외 두 명이 수상했다. LED는 소비전력이 적고 수명도 길어 조명이나 디스플레이 등에 널리 사용된다. 즉 전 세계인의 생활을 바꿨다는 것이 수상 이유였다.

생존자에게만 수여하는 노벨상을 미국 심리학자 엘리너 깁슨Eleanor J. Gibson이 살아 있다면 받을 수 있을지도 모르겠다. 그녀가 생각해낸 이론은 무엇이었을까? 바로 비행사 훈련 등에 이용하는 플라이트 시뮬레이터(모의비행장치)에 필요한 이론이다.

플라이트 시뮬레이터의 원리는 현재 각종 탑승물 시뮬레이터에 쓰이고 있다. 또한, 각종 탑승 시뮬레이션 게임에 적용되어 새로운 게임산업을 만들어내기도 했다. 이 기술은 지각 이론을 바탕으로 하는데 정확히는 '직접 지각'이라고 불린다. 깁슨이 고안해낸 행동유도성Affordance이라는 단어는 이후 학술용어로 자리 잡았다.

엘리너 깁슨과《디자인과 인간 심리》의 저자 도널드 노먼을 연결하는 핵심 개념은 행동유도성이다. 도널드 노먼은 이 책을 통해 행동유도성 개념을 디자인 세계에 도입했다고 자부했다. 하지만 노먼의 행동유도성은 깁슨의 행동유도성과는 의미가 조금 다르다. 노먼의 경우 '사람 A가 물건 B로 ~할 수 있다는 정보를 간파해 실행하는 관계'를 말하는 것에 비해, 깁슨은 사람과 물건의 관계를 직접 연결하는 직접 지각의 입장이다. 때문에 깁슨의 관점에서는 '사람과 물건을 잇는 물리적 행위의 관계성'이 곧 행동유도성이 된다. 정보 같은 중간 항목은 필요 없다.

| 디자인은 기호를 배치한 것

깁슨의 행동유도성을 설명할 때는, 가파른 바위산을 오를 때 어디로 발을 뻗을지를 예로 들면 가장 적합하다. 인간은 별로 의식하지 않고 발을 앞으로 내밀어 어느 지점에 발을 내린다. 여기서 인간과 환경의 직접적인 관계성을 이해할 수 있다.

그러나 다음 한 발을 내딛기 힘들 때는 멈춰 서서 주저하게 된다. 노먼의 행동유도성이 이 상황을 비유로 들기에 적절하다. 이럴 때는 험준한 바위산에 발자국 모양을 인쇄해 어디로 발을 뻗으면 좋을지 안내하면 된다는 개념이다. 여기서 발자국 모양(풋 프린트)은 사람을 유도한다(손도장이 있으면 손을 땅에 짚게 되므로 이는 나쁜 디자인이다).

Design의 어원은 라틴어 Designare이며 De+sign(기호를 놓다), 즉 기호로 표시한다는 뜻이다. 결국 디자인은 기호를 배치하는 것이므로 엘리너 깁슨의 행동유도성에서 출발해 이후 장에서 다룰 레프 비고츠키의 기호 개념에 접근한다. 중간 항목, 매개 항목을 다루면 깁슨의 직접 지각이라는 개념에서 벗어나 비고츠키나 얀 발지너의 문화심리학에 가까워진다.

엘리너 깁슨이 행동유도성 개념을 확립했다면, 도널드 노먼은 행동유도성의 활용을 인공물과 사용자에게로 확장했다. 그의 책 《디자인과 인간 심리》는 디자인 과정에서 행동유도성에 주의할 것을 촉구했다는 점에서 획기적이었다.

| 행동유도성을 어떻게 응용할까?

이 책은 초판 개정판이다. 1988년에 출간된 초판과 기본적인 개념은 변함없지만 용례가 많이 변경되었다.

개정판의 새로운 점은 머리말에 쓰여 있다. 예를 들어 초판이 출간된 1988년에는 사용자 경험, 즉 UX 개념이 존재하지 않았다(그 원형은 갖춰져 있었다). 도널드 노먼은 애플에서 UX 개념을 사용한 최초의 인물 중 한 명이며 그 경험을 토대로 개정판에는 UX 관련 내용도 추가했다. 또한, 초판에 등장한 '인간 중심 디자인'의 개념은 개정판의 일관된 원칙이 되었다. 초판과 개정판 모두에 적용되는 원리가 있다면, 기호의 인위적 배치에 따라 적합한 행동유도성을 창출해야 한다는 것이다.

노먼은 깁슨의 행동유도성 이론을 잘못 사용했을까, 아니면 확장했을까?

원래 깁슨은 해군에서 항공모함 갑판에 착륙하는 전투기 파일럿의 시각을 연구했다. 바다는 평평한데 항공모함은 움직이고 파일럿 자신도 비행한다. 자신의 위치가 달라지는 상황에서 움직이는 항공모함에 착륙하려면 무엇에 의존해야 할지가 곧 깁슨이 해결해야 할 문제였다. 이는 충분히 인공적인 과제다.

지각을 전제로 행동유도성을 직접 적용한다 하더라도 이를 응용할 수 있는 분야는 시뮬레이션 머신 정도다. 실제로 파일럿 훈련에도 사용되는 시뮬레이션은 인간의 지각에 입력되는 외부 정보를 역산으로 구성해 직접 지각처럼 착각하게 만드는 기계다. 직접 지각은 가치나 기호가 들어가지 않은 세계에서는 성립되겠지만 일상생활에 적용하기는 어렵다.

제롬 브루너의 실험이 증명했듯이 동전처럼 객관적으로 느끼는 대상도 보는 사람의 조건(빈부격차)에 영향을 받는다고 한다면, 노먼의 행동유도성에 따라 생각하는 것 또한 의미가 있지 않을까(물론 깁슨의 직접 지각 개념은 존경받아 마땅하다)? 결국 오늘날 일상생활에서는 노먼의 시도와 같이 인공 매개물(디자인)을 사이에 끼워 넣어야 응용의 의의가 클 것이다.

| 사용자 우선 디자인

심리학에서는 행위와 감정을 능동적인 것과 수동적인 것으로 구분해 생각하는 것을 중시한다. 일례로 스키너는 반사를 수동적인 것과 능동적인 것으로 분류해 새롭고도 효과적인 지식을 얻을 수 있었다.

지각 관련 심리학으로 돌아가면, 대부분 실험 참가자가

다른 곳을 보지 않도록 자세를 고정한다. 시각을 고정한 상태에서 여러 이미지를 보여주고 반응하게 한다. 혹시라도 이미지를 놓칠까 봐 보여주기 전에 소리를 낼 때도 있다. 이런 자연과학 방법을 사용한 실험이 과연 인간의 생기 넘치는 모습을 올바로 파악할 수 있을까?

실제로 깁슨은 이런 실험심리학 방식에 의문을 품었다. 나아가 노먼은 물건과 인간의 관계를 실험과는 다른 문맥으로 생각하고 고찰을 끌어내 실제 사회에 활용하려고 했다.

때로 디자인된 인조물은 인간을 혼란에 빠뜨리곤 한다. 설계자의 의도와 사용자의 의도가 어긋나는 경우가 그렇다. 설계자의 의도를 사용자가 완전히 이해할 수 없을 때도 있다. 사용자 문제라고 하는 이들도 있지만 인지과학은 이에 대해 절대 그렇지 않다고 말한다.

《디자인과 인간 심리》라는 제목에도 드러나듯이 디자이너는 사용자를 전제로 디자인해야 한다는 것이 노먼의 생각이다. 디자인의 역할이란 곧 사용자의 경험을 풍부하게 만들고 실수를 유발하지 않도록 돕는 것이다.

5.
무기력을 학습한다는 것

BOOK 《**낙관성 학습**Learned Optimism》, **마틴 셀리그만**Martin E. P. Seligman(원서 1990)

학습된 무기력, 낙관주의, 긍정심리학 등의 개념을 제시한 미국의 심리학자 마틴 셀리그만의 책《낙관성 학습》은 낙관론을 과학적으로 설명한다.

이 책의 3분의 2는 비관성과 낙관성, 학습된 무기력(자신은 아무것도 변화시킬 수 없다고 여겨 포기하는 것), 설명 양식(사건이 일어난 이유를 자기 자신에게 습관적으로 설명하는 방식),

우울증, 그리고 이런 것들이 행복과 성공에 미치는 영향에 대한 심리학적 논의로 이루어져 있다. 셀리그만은 동물을 대상으로 한 연구와 사례를 통해 자신의 주장을 뒷받침한다.

심리학사적으로 셀리그만의 연구는 행동주의에서 인지주의로 이행하는 시기에 중요한 역할을 담당한 연구로 평가받는다. 프로이트는 우울증이 자신에 대한 분노라고 설명했는데 이런 설명보다 훨씬 효과적이고 치유적인 셀리그만의 생각은 정신의학에도 영향을 미쳤다. 무엇보다 행동 이론에 입각한 행동 치료, 인지행동 치료의 길을 터주었다.

1996년 마틴 셀리그만은 미국심리학회 회장으로 선출되었다. 취임식에서 그는 긍정심리학 강연을 했다. 이 강연은 존 왓슨이 행동주의를 선언하고 견인했던 것과 마찬가지로 긍정심리학 분야를 견인하는 계기가 되었다. 끊임없이 혁신을 이뤄온 심리학의 역사 속에서 셀리그만은 중심인물 중 한 명으로 꼽힌다.

| 무기력을 학습한다?

범죄 사건에서 용의자가 허위 자백을 하고 누명을 쓰는
일이 종종 벌어진다. 언뜻 이해가 가지 않는 일이다. 자신에
게 유리하도록 거짓말을 해도 모자란 상황에 거꾸로 불리하
게끔 거짓말을 한다니 말이다.

1990년 일본에서는 네 살배기 여자아이를 살해한 범인
으로 스가야라는 남자가 붙잡힌 사건이 있었다. 이 남자는
무려 17년 동안 복역한 후, 2010년 최신 DNA 감정을 통해
최종적으로 무죄 판정을 받았다. 스가야는 처음 범인으로 지
목되었던 당시 취조 과정에서 허위 자백을 강요받았는데, 이
상하게도 이후 재판에서 한 번도 번복하지 않았다.

법정에는 자기편인 변호사도 있으니 "저는 살인을 하지
않았습니다. 자백을 강요당했습니다." 정도는 말할 수도 있
지 않았을까? 왜 그런 시도조차 하지 않았을까?

심리학 관점에서 볼 때 스가야는 학습성 무기력 상태였
던 것 같다. 무슨 일을 해도 안 된다는 절망감과 무기력에 휩
싸였을 것이다. "안 했다"라고 아무리 진실을 말해도 상대해
주는 사람이 없다. 오히려 폭행을 당했을지도 모른다(실제로

취조 때 폭행이 있었는지 진상은 알 수 없다). 이런 과정이 반복되자 스가야는 절망과 무기력을 학습했을 것이다. 여기서 학습이란 경험적으로 이해한다는 의미다. 스가야는 자신의 힘으로 아무것도 바꿀 수 없다는 사실을 '경험하고' 허위 자백을 하는 게 최선이라고 '이해했을' 것이다.

학습성 무기력은 심리학에서 우울증 행동 모델로 알려져 있다. 주창자는 마틴 셀리그만이다. 미국 펜실베이니아대 대학원에 입학한 그는 개를 대상으로 한 동물실험이 실패했다는 소식을 들었다. 펜실베이니아대는 개에게 특정 소리를 들려준 후 약한 전기 충격을 주는 조건을 부여해, 소리만 들어도 충격을 피하게 되는지 연구하려고 했다.

소리와 충격을 관련지으려면 두 가지를 함께 제시해야 한다. '소리가 들리면 충격이 온다'는 과정을 반복하면 개는 소리를 신호로 감지하여 소리만 들어도 도망치리라는 것이 가설이었다. 하지만 실제로 실험해보니 소리를 들은 후 충격을 피하려는 개는 없었다. 오히려 웅크리고 앉아 충격을 감수하는 개가 많았다.

대학원에 막 입학한 셀리그만은 이 상황을 보고 개들이 '무슨 짓을 해도 안 된다'는 것을 터득했다고 생각했다. '소리'와 '전기 충격'과 '도망쳐도 안 된다'는 세 가지 요소의 관계를 학습했다고 생각한 것이다.

그는 자신의 생각대로 개들이 무력함(상황 타개 능력이 없는 상태)을 학습했는지 확인하기 위해 교묘한 실험을 했다. 24마리의 개를 세 집단으로 나누어 상자에 넣고 전기 충격을 주었는데, 조건이 각각 달랐다. 첫 번째 집단의 개들은 코로 스위치를 누르면 전기 충격을 스스로 멈출 수 있다. 두 번째 집단은 스스로 전기 충격을 통제할 수는 없으나 첫 번째 집단의 개가 스위치를 누르면 동시에 충격이 사라진다. 세 번째 집단은 비교 집단으로, 같은 상자에 있지만 충격을 전혀 받지 않는다.

여기까지는 준비 단계다. 진짜 실험은 지금부터다. 24시간이 경과한 후 낮은 칸막이를 사용해 두 공간으로 나눈 작은 방에 이 개들을 넣고 전기 충격을 가한다. 모든 개들은 칸막이를 넘어 쉽게 전기 충격을 피할 수 있다. 실험 결과 첫 번째 집단과 세 번째 집단의 개들은 모두 칸막이를 넘어갔지만 두 번째 집단은 공간을 옮겨 충격을 피하려고 하지 않았다. 통증을 참으면서 웅크리고 앉아 있을 뿐이었다. '어차피 뭘 해도 안 된다'고 생각한 것 같았다.

셀리그만의 이런 생각과 실험 결과는 행동심리학에 큰 충격을 던졌다. '하지 않는 일'을 학습할 수 있느냐가 논의의 핵심이었다. 반론도 있었지만 실험을 통해 '무기력을 학습한다'는 사실을 인정받았다. 이는 심리학사적으로 행동주의에서 인지주의로 이행하는 시기의 연구 결과라 할 수 있다.

무기력을 학습한다는 것은 인간에게 어떤 의미일까?

사실 인간은 개만큼 단순하지 않다. 무엇보다 말을 사용할 수 있다. "어차피 나는 실패한 인간이야", 혹은 "아무리 실패했더라도 나는 아직 할 수 있어"라고 생각을 드러낼 수 있다. 심리학자 레프 비고츠키는 말을 일종의 기호로 생각하는 것이 인간의 특별한 장점이라고 주장했는데 이런 생각은 행동주의와 대립했다.

셀리그만의 연구도 마찬가지로 행동주의 진영의 반발을 불렀지만 결과적으로는 인지주의로 이행하는 데 기여했다. 그의 연구는 '학습성 무기력 연구'로 불리며 인간의 우울증이 특히 근대 들어 증가한 이유를 설명하는 이론으로 타당성을 얻었다. 지그문트 프로이트는 우울증이 자기 자신에 대한 분노라고 설명했는데 이보다 훨씬 효과적이고 마음을 치유할 가능성이 큰 사상이라 할 수 있다.

셀리그만의 생각은 정신의학에도 영향을 미쳤다. 무엇보다 행동 이론에 입각한 행동 치료, 인지행동 치료의 길을 열어주었다. 셀리그만이 존 왓슨이나 스키너의 이론 자체를 계승한 것은 아니지만 행동 이론이 발전하는 데 기여한 것은 분명하다. 일상생활에서 무기력이나 그 결과로 얻는 우울증을 학습할 수 있다면 이를 없앨 수도 있다는 것이 행동 이론의 사상이다.

| 긍정심리학의 탄생

셀리그만은 자신의 책 서문에서 말하기를, 1988년에 비행기 옆자리에서 물리학자 리처드 파인만Richard Phillips Feynman 을 만난 일이 연구의 전환점이 되었다고 한다. 파인만은 셀리그만의 연구에 대해 듣더니 '비관주의가 아니라 낙관주의에 관한 연구'라며 갈파했다고 한다.

이 일을 계기로 셀리그만은 연구 방침을 전환했고 긍정심리학 영역이 새롭게 탄생했다. 개와 인간을 대상으로 연구한 셀리그만과 연구팀은 나쁜 일이 일어났을 때 그 원인을 어떻게 설명하느냐가 중요하다고 생각했다.

시험에서 낮은 점수를 받았을 때 이를 자신이나 타인에게 어떻게 설명할까? '어차피 나는 멍청해'라는 반응이 일반적일 것이다. 한편 '교실이 시끄러웠다'라고 변명하는 사람도 있을 것이다.

전자는 능력에 초점을 맞추었는데 사람의 능력은 바꾸기 어렵기 때문에 비관적 관점이 된다. 소음을 언급한 후자는 '소음이 없으면 시험을 잘 봤을 것'이라는 낙관적 관점을 가지게 된다(하지만 애당초 소음이 원인이라면 같은 학급의 모든 학생이 영향을 받을 것이므로 자신의 성적만 올릴 수 없다).

셀리그만은 '멍청하다', '시끄러웠다'라는 설명에 숨은 차원이 있음을 알아냈다. 바로 내적-외적, 영구적-일시적, 보편적-특수적이라는 2차원이다. 합리화한 차원은 이후의 관점에 영향을 미치게 된다. 쉽게 말해 실패의 원인을 내적, 영구적, 보편적으로 설명하면 전부 자신을 질책하게 되므로 비관적이고 억울한 감정을 일으킨다. 그 반대 경우라면 낙관적으로 될 수 있다.

| 사회가 요구하는 긍정심리학

1980년대에 한 생명보험 회사는 직원들의 높은 퇴직률 때문에 골머리를 앓았다. 새로 채용한 보험설계사 5,000명 가운데 1년 후 절반이 퇴사하고 4년 후에는 80퍼센트가 그만두는 실정이었다. 이 기업은 셀리그만에게 의뢰하기를, 처음부터 좌절감이 높은 지원자를 가려낼 수 있는 방법을 알려달라고 요청했다. 그러자 셀리그만은 이 회사에 낙관도 테스트를 제공했다. 실제로 낙관도 테스트를 실시해보니 상위권에 기록된 직원들의 계약 성공 횟수가 하위권보다 더 많은 것으로 나타났다. 이들은 유능할 뿐 아니라 더 안정적으로 오랫동안 근속하는 모습을 보여주었다.

1996년 마틴 셀리그만은 미국심리학회 회장에 선출되었다. 취임식에서 그는 긍정심리학 강연을 했다. 이 강연은 존 왓슨이 행동주의를 선언하고 견인했듯이 긍정심리학을 이끈 계기가 되었다. 심리학은 언제나 혁신을 이뤄왔으며, 셀리그만은 그 중심인물 중 한 명으로 꼽힌다.

덧붙이자면, 긍정심리학의 선구자로 평가받는 인물은 에이브러햄 매슬로이며 그의 주창자로 미하이 칙센트미하이 Mihaly Csikszentmihalyi 등이 있다. 칙센트미하이는 인간이 몰입 상태에서 더 뛰어난 능력을 발휘할 수 있다는 주장으로 널리 알려졌다.

이들의 연구 외에도, 인생의 긍정적인 측면을 다루는 긍정심리학은 앞으로 더 발전할 것이다.

6.
나 자신으로 살아가기 위한 마인드풀니스

BOOK 《**왜 마음챙김 명상인가?**》Wherever You Go, There You Are》, 존 카밧진Jon Kabat-Zinn(원저 1994)

　　미국 심리학자 존 카밧진이 쓴 《왜 마음챙김 명상인가?》는 명상의 기본 요소를 설명하며 이를 일상생활에 응용하는 방법을 알려준다. 스트레스나 통증, 질병에 시달리는 사람들과 그렇지 않은 모든 이에게 마음챙김 명상의 핵심과 활용법을 간단하면서도 쉽게 소개한다.

　　이 책의 서두에 나오는 마인드풀니스Mindfulness란 먼 옛날 불자의 실천이다. 자신을 깊이 헤아리고 세계와 조화를 이루는 것이 마인드풀니스이며 이를 실천해야 스트레스를 줄일 수 있다고 주장한다. 덧붙여 명상은 특수한 행위가 아니며 참된 자신이 되고 내가 누구인지 아는 것이라고 말한다.

존 카밧진은 미국 매사추세츠대 의과대학 명예교수이자 세계적으로 유명한 '마음챙김에 기반한 스트레스 완화 프로그램MBSR; Mindfulness-Based Stress Reduction(1979)' 창시자다. 그가 개발한 프로그램 MBSR은 세계 각국의 기업, 병원, 학교, 교도소, 군대, 프로스포츠 팀 등 도처에서 활용되고 있다. 그의 연구는 의료계뿐만 아니라 뇌 과학, 심리학자들에게도 큰 영감과 실질적인 도움을 주고 있다.

| 행동 치료 3세대의 물결

임상심리사와 정신과 의사의 차이점은 무엇일까?

전자는 주로 심리학을 공부하고 후자는 의학을 공부한다. 후자는 약물치료를 할 수 있지만 전자는 할 수 없다. 나는 "무슨 일이든 이점은 결점, 결점은 이점이 된다"라고 자주 말한다. 심리사가 약물 치료를 할 수 없다는 점은 결점처럼 보이지만 사실 이점이기도 하다. 우울증과 일부 정신질환에 약물이 다 효과가 있지는 않다. 질병 구조를 완전히 이해한 게 아니어서 모든 우울증에 효과가 있을 리도 없다.

프로이트의 정신분석이 주류였던 시절에는 정신분석을 우울증에 적용하려는 긴 시도가 있었다. 신경증은 '꿈 분석'으로 적으나마 효과를 봤지만 우울증에는 아무런 효과가 없음이 드러났다.

이 가운데 행동주의를 토대로 한 행동 치료와 인지심리학적 관점을 더한 인지행동 치료가 심리 치료로 주목받기 시작했다. 특히 불안장애나 우울증에 효과적일 것으로 기대했다. 행동 치료를 1세대, 인지행동 치료를 2세대라고 했을 때 현재 3세대 물결이 밀려오고 있다.

이 시점에서 중요한 키워드가 마인드풀니스다. 마인드풀니스란 무엇인가?

| 자신을 깊이 알고 세계와 조화를 이루기 위해

존 카밧진이 초기 저서에서 설명한 바에 따르면, 마인드풀니스란 특별한 주의를 기울이는 방법, 즉 매 순간의 깨달음 상태를 말한다. 그 상태에서 인간은 아무것도 판단하지 않고 마음에 다가오는 다른 감각, 생각, 지각을 수용한다.

Mindfulness는 영어 단어로도 형태가 묘하다. Mind(마음)라는 명사에 접미사 -ful이 붙어 굳이 말하면 '마음이 가득 찬, 마음으로 가득 찬'이라는 형용사가 된다. 여기에 접미사 -ness가 붙어 명사화된 것이다.

그럼 '마음이 ○○으로 가득 찬 상태'로 번역해야 할까? 무엇이 마음으로 가득 찼다는 것일까?

그 대상어에 해당하는 부분이 없어 언뜻 이해하기 어렵지만 이는 몸을 말한다. 여기서 Mind는 우리가 흔히 말하는 '마음'이라는 단어보다 좀 더 이성적이고 능동적인 어감을 포함한다. '생각하다'라는 의미를 포함하는 단어다. 마음은 뭔가를 느끼는 수동적 존재가 아니라 '마음을 쓰다'라고 할 때의 배려에 가깝고 의식을 널리 퍼뜨린다는 의미다. 자신의 몸 구석구석까지 의식을 퍼뜨리는 것이 'Mindfulness'다.

이런 묘한 영어 단어는 왜 생겼을까? 원래는 팔리어Pali language의 'Sati'에서 유래한 신조어다. 존 카밧진은 이 책의 서두에서 마인드풀니스란 먼 옛날 불자의 실천인데 불자가 되는 것을 목표로 삼는 것이 아니라 (불자가 목적으로 하는) 세계와 조화롭게 살아가는 것과 관계가 있다고 설명했다.

불교의 목적은 불자가 되는 것이 아니라 불교를 통해 뭔가를 깨닫는 것이므로 카밧진은 마인드풀니스의 목적도 불교와 같다고 말하고 싶었을 것이다. 자신을 깊이 헤아리고 세계와 조화를 이루는 것이 마인드풀니스이며 이를 실천해야 스트레스를 줄일 수 있다고 존 카밧진은 주장한다.

그런 의미에서 이 책은 명상 실천 입문서다. 존 카밧진은 명상은 특수한 행위가 아니며 좀비가 되거나 동양 철학자가 되는 것도 아니라고 표현한다. 명상은 자신이 되는 것이며 내가 누구인지 아는 과정이다. 쉽게 설명하기는 어렵지만 간단히 말해, 과거나 미래를 고민하는 대신 자기 몸의 현 상태에 더 주의하고 마음을 쓰라는 뜻이다.

'몸 살피기Body scan'라는 기법이 있다. 발끝에서 머리끝까지 내가 현재 어떤 상태인지 의식하는 행위다. 마인드풀니스는 이렇게 의식으로 몸을 충족시키는 것이다. '지금까지 일이 잘 풀린 적이 없었잖아. 분명 내일도 일이 꼬여서 엉망이 될 거야'라는 생각은 버리고 현재 자신의 몸에 의식을 집중해야 한다.

이런 기법이 우울증과 같은 마음의 병에 효과적인지는 확실히 증명되지 않았다. 하지만 이 방법으로 마음 치유를 한 사람이 많은 것 또한 부인할 수 없는 사실이다.

| 지금 이 순간을 중시한다

마인드풀니스의 어원은 팔리어의 'Sati'라고 소개했는데 'Sati'를 한자로 번역하면 '염念'이다. 이 한자는 《만요슈万葉集》(7세기 후반~8세기에 제작된 일본에서 가장 오래된 가집-옮긴이) 시대에 '생각하다'라는 뜻으로 쓰였다. 염念은 '금今'과 '심心'으로 이루어졌다. '금今'은 병에 뚜껑을 닫는 모양이므로, 풀이하자면 마음에 가득 채우듯이 '생각하다'라는 뜻이 된다.

그런 맥락에서 생각하면 마인드풀니스는 '지금 마음을 충만하게 하다'라는 뜻으로 풀이된다. 과거나 미래를 생각하기보다 현재의 마음을 충족시키는 것이 염이자 마인드풀니스이며 Sati다. 지금 마음을 충족시킨다는 생각은 실존주의와도 통한다.

　나치 수용소에 갇혀《죽음의 수용소에서》라는 명저를 남긴 심리학자 빅터 프랭클의 체험이 마음에 와닿는 이유는 무엇일까? 좀처럼 경험할 수 없는 가혹한 상황에서 '지금, 이 순간'의 심리가 다른 여러 상황에서의 심리와 통하기 때문이다. 프랭클과 같은 상황에 처해야만 실존주의적으로 살아갈 수 있다는 이야기가 아니다. 지금 이 순간에 초점을 맞추는 마인드풀니스의 실천 방식은 더 충만한 삶을 살기 위한 힌트가 될 수 있다.

　의학부 소속이던 존 카밧진은 원래 정신과 의사였지만 불교에도 조예가 깊어 미국 매사추세츠대 메디컬센터의 스트레스 클리닉을 개설했다. 그리고 '스트레스 대처 및 완화 프로그램'을 개설해 지도하고 있다. 의학과 불교의 접점인 선禪을 매개체 삼아 심리치료를 전개한 것으로 보인다. 만성 통증이나 스트레스에 시달리는 환자를 대상으로 주의 집중력을 높여 긴장이 완화된 상태를 만들어준다는 이 방법은 전 세계적으로 널리 사용되고 있다.

　심리학적으로 그의 사상은, 행동 치료에서 인지행동 치

료로 이행하는 흐름 속에 동양적인 '행行'의 요소를 받아들인 새로운 시도로 평가받는다.

7.
멋대로 보고 느끼는 뇌

BOOK 《**뇌는 세상을 어떻게 보는가?** The Emerging Mind 》, **빌라야 누르 라마찬드란** Vilayanur S. Ramachandran (**원저 2003**)

영국 BBC에서 주최하는 리스 강연은 매년 한 차례 명사를 초청해 대중에게 소개한다. 2003년, 이 권위 있는 리스 강단에 세계 최고의 뇌과학자 빌라야누르 라마찬드란이 섰다. 이 강연에서 그는 뇌의 기본적인 메커니즘에서부터 시지각과 같은 인지 그리고 예술과 같은 고차원 인식에 이르기까지 폭넓은 이해를 제공한다.

라마찬드란은 뇌가 어떻게 세상을 인식하는지 밝히며, 인간에 대해 던졌던 전통적인 철학적 문제를 이제는 뇌과학의 영역에서 다루어야 한다고 주장한다.

《뇌는 세상을 어떻게 보는가?》는 이때의 강의를 기초로 내용을 수정, 보완하여 엮은 책이다. 이 책은《라마찬드란 박사의 두뇌 실험실Phantoms in the Brain》에 이어 임상연구에서 얻은 정보를 알기 쉽게 설명한다.

라마찬드란은 환각지나 공감각 같은 희귀한 신경 이상 사례를 통해 우리 뇌가 어떻게 작동하는지 흥미롭게 설명한다. 더 나아가 '예술이란 무엇인가', '자유의지란 무엇인가', '자아란 무엇인가'와 같이 지금까지 철학의 영역에 속한다고 여겼던 질문에 뇌과학자로서 새로운 해답을 제시하며 과학과 인문학 두 문화의 연결을 시도한다.

빌라야누르 라마찬드란은 철학박사이자 의사로 현재 캘리포니아의 신경과학연구소와 스탠퍼드의 첨단행동과학연구소, 조국인 인도의 과학아카데미 회원으로도 활동하고 있다. 미국 〈뉴스위크Newsweek〉가 뽑은 '21세기 우리가 주목해야 할 가장 중요한 100명'에 선정되었다.

| 뇌 속의 혼선과 단선

뇌신경 과학자 빌라야누르 라마찬드란의 주제는 혼선과 단선이다. 그는 지각과 감각의 신체적 기반이 뇌에 있다는 것을 전제로 환각지(절단된 팔이나 다리가 실제로 있는 것처럼 느껴진다), 편측 공간 무시USN; Unilateral Spatial Neglect(대뇌반구에 장애가 있을 때 반대쪽 공간의 자극에 반응하지 않는다), 카그라 증후군Capgras syndrome(가까운 지인이 생김새는 똑같지만 전혀 다른 사람이 되었다고 느낀다), 공감각(소리를 들으면 색이 보이는 등 여러 감각이 동시에 나타난다) 등의 이상현상은 뇌 속의 혼선과 단선에 따른다는 사실을 일련의 연구를 통해 설명했다.

이를 이해하기 쉽게 정리해 세 권의 책으로 냈는데《뇌는 어떻게 세상을 보는가?》는 그중 두 번째 책이다. 라마찬드란은 이 책에서 우리의 뇌 속에는 의식 주체만 존재하는 것이 아니라고 말했다. 지그문트 프로이트의 무의식과는 조금 다른 의미인데, 의식하는 것만이 우리의 행동과 직결되는 것은 아니라는 점을 강조했다.

이 책에서 가장 시선을 끄는 대목은 환각지 증상을 치료한 사례다. 환각지란 사고 등으로 절단된 손이나 다리가 마

치 실제로 있는 것처럼 느끼거나, 경우에 따라 없는 부위가
아파 견딜 수 없는 증상을 말한다. 대규모 전쟁으로 인해 사
지 절단자가 늘자 환각지 증상은 큰 사회문제로 떠올라 관심
이 집중되기도 했다.

라마찬드란은 환자 옆에 거울을 놓고 손이 있는 것처럼
연출해서 보여주면 환각지 통증이 사라진다는 사실을 증명
했다. 이 내용은《라마찬드란 박사의 두뇌 실험실》에서도 자
세히 소개된다.

| 놀랄 만한 공감각 능력을 가진 이들

일본 리쓰메이칸대 심리학 교실을 개설한 나이토 고지로
內藤耕次郎는 색청(소리 자극에 의해 본래의 청각 외에 특정한 색채
감각이 일어나는 현상-옮긴이) 증상이 있었다. 모든 소리가 특
유한 색채로 보인다는 기록이 대학교 심리학 연구실에 남아
있다.

어떤 연예인은 라디오 프로그램에 출연해, 자신은 소리
를 들으면 색이 보인다고 말했다. 초등학생 시절에도 음악시
간에 노래를 들으면 색이 보였고 그 색감과 분위기를 곡의

감상으로 말하자 선생님이 크게 칭찬해주었다는 에피소드를 들려주었다. 그 라디오 프로그램은 책 소개 코너가 있어서 사연에 어울리는 책을 한 권씩 소개했는데, 그날의 책은 바로 라마찬드란의 저서였다.

이렇게 다른 감각이 동시에 나타나는 현상을 '공감각'이라고 한다. 공감각을 지닌 사람은 200명 중 한 명 정도라고 추정된다. 공감각 현상은 약 100년 전 영국의 심리학자 프랜시스 골턴^{Francis Galton}이 처음 기술했다.

놀랄 만한 공감각을 지닌 사람들 중에는 숫자마다 서로 다른 색으로 인식하는 경우도 있다. 5는 항상 빨간색, 6은 초록색으로 보이는 식이다. 아래 그림으로 한번 실험해보자.

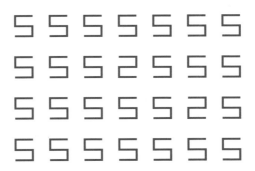

2는 몇 개일까?

총 28개 숫자 중 '2'는 몇 개일까? 숫자가 모두 똑같은 색으로 보이는 경우라면 여러 번 들여다봐야 할 테지만, 만약 2와 5가 서로 다른 색으로 보인다면 단번에 두드러져 보일 것이다. 2가 몇 개 섞여 있는지 세기 쉬운 것은 물론이다. 여기서 누가 정상이고 누가 비정상일까? 공감각은 정말 이상 증상일까?

공감각은 일반적으로 200명 중 한 명가량 나타나는 현상이어서, 극소수에 속하는 부류는 곧 비정상이라고 속단하기 쉽다. 하지만 거꾸로 생각해보라. 200명 중 199명이 뒤섞인 숫자들을 단번에 구분해낼 수 있고 나머지 한 명만 그런 능력이 없다면 과연 누가 정상이고 누가 이상한 것일까? '서로 다름은 그저 개성일 뿐'임을 공감각이라는 주제를 통해 생각해볼 수 있다.

| 와일더 펜필드의 뇌지도

라마찬드란은 자신의 학설을 강화하기 위해 뇌신경 과학자 와일더 펜필드Wilder Penfield의 뇌지도를 참고했다. 뇌지도는 다양한 뇌 부위의 기능을 말 그대로 지도처럼 그려 표현한 것이다. 뇌 부위와 인간 정신의 관계에 대해서는 여러 주장이 있지만 현재는 뇌 부위마다 다른 역할을 한다는 '국재설'이 지지를 얻고 있다.

'골상학'이라는 학문을 들어보았는가? 19세기 초 서양에서는 '이마가 넓은 사람은 머리가 좋다'는 통설이 널리 퍼져 있었다. 19세기 중반이 되자 폴 브로카Paul Broca는 뇌의 특정 부위가 손상되면 실어증이 나타난다는 사실을 밝혀냈고 뒤이어 칼 베르니케Carl Wernicke도 똑같이 입증했다.

20세기가 되자 대뇌 해부학이 발달했다. 알프레드 캠벨Alfred Walter Campbell은 침팬지와 인간의 대뇌를 비교해 대뇌를 20개의 서로 다른 영역으로 분류한 뇌지도를 만들었다. 코르비니안 브로드만Korbinian Brodmann은 대뇌피질 조직의 신경세포를 염색해 동일한 조직 구조를 가진 부분을 똑같은 색으로 착색하고 뇌의 구조적 시스템을 가시화하는 데 성공했다. 이 연구 결과에 따르면 뇌는 52개 부위로 나눌 수 있다(그의 뇌지도는 현대에도 쓰인다). 와일더 펜필드는 또다시 획기적인 방법으로 연구를 진행했다.

펜필드는 뇌전증 치료를 위해 뇌의 특정 부위를 절제하는 수술을 시행했다. 그리고 1933년 개두술을 실시할 때 대뇌피질을 약한 전극으로 자극해 특정 부위에 자극을 주면 기억이 선명하게 되살아나는지를 규명했다(덧붙이면 뇌에는 통각이 없으므로 통증을 느끼지 않는다지만 이런 실험의 허용 여부는 연구윤리의 본질과 맞닿은 문제여서 쉽게 답할 수가 없다). 그의 잘 알려진 업적 중 하나로, 라마찬드란도 참고한 연구는 측두엽과 신체 부위가 어떻게 대응하는지를 그린 지도다. 펜필드는 신중히 검토하고 연구를 진행한 끝에 피질과 각 기관의 관계를 밝혀냈고 뇌의 양쪽에 테이프처럼 뻗은 영역을 자극하면 다양한 감각을 일으킨다는 사실을 알아냈다.

1950년 펜필드는 공동연구자와 함께 뇌의 국재 기능을 나타낸 뇌지도를 발표했다. 손바닥을 담당하는 뇌 부위를 맵핑Mapping하는 등의 업적은 여기서 탄생했다. 지도가 증명한 바에 따르면, 손바닥의 감각과 운동을 담당하는 뇌 영역은 다른 부위에 비해 훨씬 광범위하다.

뇌에서 각 감각 영역이 차지하는 비율에 따라 인체를 그려보면 다음 페이지처럼 기묘한 모습이 된다. 손과 입이 비정상적으로 거대해지는데, 우리 뇌는 손가락과 입술에서 얻은 정보를 중시한다는 사실을 알 수 있다.

심리학에서는 인간의 심리를 수동적인 것과 능동적인 것으로 구분할 때가 많다. 그래서 외부의 자극을 받은 후에 보이는 반응이나 행동을, 외부에 주체적으로 작용하는 행동과

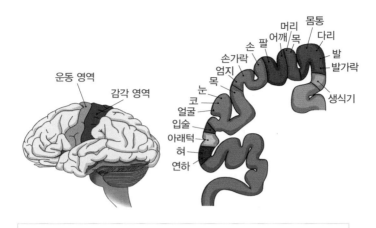

운동 영역

감각 영역

머리
어깨 목 몸통
손 팔   다리
손가락   발
엄지   발가락
눈
코   생식기
얼굴
입술
아래턱
혀
연하

펜필드의 뇌지도

뇌의 감각 영역 비율에 따라 신체 부위를 그림으로 표현하면
위와 같이 입과 손이 거대한 모습이 된다

구분한다. 펜필드 역시 나름의 기준에 따라 수동적인 것을 감각성, 주체적인 것을 운동성으로 표현했다.

| 우리 뇌 속의 유령

라마찬드란은 《뇌는 세상을 어떻게 보는가?》 2장에서 눈으로 보는 행위에 초점을 맞췄다. 그는 뇌가 두 가지 경로로 대상을 지각한다고 소개했다. '무엇을What'과 '어떻게How'의 경로다.

예를 들어 '맹시Blindsight'는 시지각이 상실된 상태에서도 눈앞의 형상을 감지하는 현상으로, 의식적으로는 보이지 않지만 무의식적으로는 볼 수 있는 상태를 말한다.

또한 좌우 어느 한쪽의 시각피질이 손상되면 반대쪽 물체가 보이지 않는다. 왼쪽 시각피질이 손상되면 오른쪽 물체가 안 보인다. 그런데 로렌스 바이스크란츠Lawrence Weiskrantz의 연구에 의하면, 왼쪽 시각피질이 손상된 사람의 오른쪽 방향으로 광점을 내보낸 뒤 그 광점의 위치를 손가락으로 가리키도록 주문하자 매우 높은 확률로 성공했다고 한다.

우리는 외부의 물체를 볼 때 그것이 무엇이고 어떻게 있는지(가로, 세로, 높이의 3차원 중 어디에 위치하는지)를 판단한다. 어디에 '어떻게' 있는지를 파악하는 것은 진화적으로 오래된 경로다. 반대로 말해 '무엇'이 있는지를 보는 것은 진화적으로 새로운 경로라는 뜻이다.

외부가 적으로 가득 차 있다면 그것이 '무엇'인지보다 '어떻게' 있는지가 중요한 정보다. 즉 그것이 이쪽으로 향하는지, 반대쪽으로 가는지 등의 정보가 그것이 무엇인지보다 중요하다. 자신이 보는 물체가 사자인지 토끼인지보다 그 물체가 자신을 잡아먹으러 오는지가 중요한 것이다.

그것이 무엇인지 보고 말하는 것은 인류에게 뒤늦게 나타난 현상이다. 인간은 말을 할 수 있게 되면서 개념으로 세상을 표현하게 되었다. 가혹한 외부세계에 맞서 살아남으려 한다면 말 따위는 필요 없을 것이다. 말이 존재하기 때문에 좌우 어느 한쪽의 시각피질이 손상되면 반대쪽이 안 보이는 현상도 나타난다. 말이 탄생하기 이전의 상태라면 그것이 무엇이든 간에 몸으로 즉각 반응할 수 있을 것이다.

라마찬드란은 이런 상태를 가리켜 '뇌 속의 유령'이라고 표현했다. 우리가 개념으로 세상을 말하게 된 탓에 잃어버린 것도 존재한다. '맹시'라는 이름 자체가 애초에 잘못된 것은 아닐까?

8.
몸은 하드웨어, 정신은 소프트웨어 라는 말은 진실인가?

 《데카르트의 오류 Descartes' Error**》, 안토니오 다마지오**
Antonio Damasio(원저 1994)

　　뇌신경 과학자 안토니오 다마지오의《데카르트의 오류》 는 심신이원론을 비판하며 유기체로서의 마음, 뇌, 몸의 관 계를 규명한다. 데카르트Rene Descartes가 생각한 것처럼, 뇌는 컴퓨터이며 마음은 프로그램이라는 식으로 둘을 서로 구분 할 수 없다는 것이다.

　　다마지오의 소매틱 마커 가설Somatic Markers Hypothesis이란

무엇일까? 인간은 외부에서 무슨 일이 일어날 때, 혹은 뭔가를 하려고 할 때 온몸으로 반응한다. 그래서 이성적 사고만으로 일상 속에서 다양한 선택과 결정을 내리기는 어렵다는 것이 다마지오의 주장이다. 몸을 근거로 하는 화학적 반응, 화학적 반응을 근거로 하는 감정적 반응이 있어 우리는 일상 생활에서 다양한 판단을 내릴 수 있다고 그는 설명한다. 이 책은 전 세계 30개 언어로 번역 출간되었다.

안토니오 다마지오는 보스턴의 실어증 연구소에서 행동신경학을 배운 후, 1976년부터 2005년까지 아이오와대 의과대학에서 신경과 교수를 역임했다. 현재는 서던캘리포니아대 뇌과학연구소 소장이다. 그의 첫 책 《데카르트의 오류》로 '로스엔젤레스 타임스 북 어워드L.A Times Book Awards' 후보에 올랐다.

| '나는 생각한다. 고로 존재한다'라는 명제는 사실일까

이 책의 제목은 《데카르트의 오류》다. 철학에 관심이 없는 사람이라 하더라도 아리스토텔레스^{Aristotle}, 데카르트, 칸트^{Immanuel Kant} 등의 이름은 들어본 적이 있을 것이다. 그만큼 유명한 철학자다.

철학을 무의미하다고 생각하는 사람도 많다. 하지만 철학은 우리 의식을 지배해온 근본적인 사상과 싸우고 그로써 새로운 세계관을 창조하는 학문이다. '나는 생각한다. 그러므로 나는 존재한다'라는 하나의 문장으로 심신이원론의 기초를 확립한 인물이 바로 프랑스가 낳은 천재 르네 데카르트다.

'나는 생각한다. 고로 존재한다'는 데카르트가 《방법서설 Disours de la Metode》(1637)에서 공표한 명제다. 모든 것의 존재를 의심하고 또 의심해봐도 의심하는 자신이 존재한다는 것은 확실한 듯하므로 여기에서부터 생각을 시작해보자는 선언이다. 이는 당시의 세계관(기독교의 절대적 우위)을 토대로 개인이 싸워 얻은 결과다.

데카르트는 병사였을 때 이 명제의 토대가 되는 생각을

끌어냈다. 전쟁이 지속되는 시대를 살아가며 느낀 회의에는 실존적 고민이 투영되었는지도 모른다. 이런 시대적 배경과 개인 사정 때문에 모든 것을 의심한다는 학문적 자세를 취할 수 있었고 그 결과 '나는 생각한다. 고로 존재한다'라는 명제에 도달한 셈이다. 한편, 데카르트의 이런 생각을 통해 사유(정신)와 연장(육체)이 정식으로 분리되어 근대과학이 성립하는 주춧돌이 되었다. 이는 독립적으로 근대적 자아가 확립하는 계기가 되기도 했다.

21세기인 지금, 여기 존재하는 인류사회의 근본적인 사상 기반을 만든 인물이 데카르트였다고 해도 좋을 것이다. 하지만 당시 데카르트는 신학자들로부터 무신론을 널리 퍼뜨리는 자라고 비난을 받았다.

| 데카르트가 틀렸다

안토니오 다마지오는 데카르트가 틀렸다고 말한다. 《데카르트의 오류》 제3부 11장의 '데카르트의 오류' 부분을 읽어보면 데카르트로부터 유래되는 몸과 마음을 구분하는 심신이원론이 잘못되었다고 주장한다. 몸의 일부인 뇌는 컴퓨터이며 마음은 프로그램이라는 식으로 둘을 구분할 수 없다는 것이다. 그렇기 때문에 '가장 정교한 마음의 작용을 생물학적 유기체의 구조 및 작용과 서로 분리하는 것'이 문제라고 지적한다. 결론적으로 이원론은 잘못되었으며 존재하는 것은 몸이자 마음(연장이자 사유)이라는 주장을 '데카르트의 오류'라는 제목으로 표현한 것 같다.

이 책에서 다마지오는 몸, 정확히 말해 신경생물학적 기반을 근거로 하는 유기체적 구조로서의 몸과 정신이 서로 부즉불리(물과 파도처럼 붙지도, 떨어지지도 않은 관계)하다고 설명한다. 그리고 이 생각을 견지하지 못한 것이 곧 데카르트 주장의 결함이라고 말한다. 신경심리학을 기반으로 하여 유기체로서의 인간을 주장했다는 사실이 상당히 흥미롭다.

다마지오는 《데카르트의 오류》에서 심리학사의 유명한 '피험자(연구대상자)' 피니어스 게이지Phineas Gage를 사례로 든다. 심리학은 인간을 대상으로 하는 학문이므로 고유명사에 해당하는 인간을 상대로 연구하고 거기서 정보를 얻는 경우가 상당히 많다.

피니어스 게이지는 19세기 신경심리학 분야에서 유명한 인물이다. 그는 미국의 어느 철도 공사 현장 감독이었다. 유능했고 사내에서 두터운 신뢰를 얻었다. 그런데 어느 날 그에게 재난이 닥쳤다. 커다란 쇠막대가 머리를 완전히 관통해 좌뇌 전두엽 대부분이 손상된 것이다. 게이지는 이런 사고를 당하고도 목숨을 건졌지만 뭔가 달라졌다. 난폭해진 것이다.

인간의 뇌를 일부라도 파손해서 연구하는 행위는 윤리상 으로는 물론이고 상식적으로도 절대 불가능하다. 하지만 게 이지가 당한 사고는 의도치 않게 '자연스러운 실험' 상황이 되어주었다.

| 감정이 결여되면 아무것도 선택하지 못한다

《데카르트의 오류》에 등장하는 또 다른 흥미로운 인물은 엘리엇(가명)이다.

직장에서 성공한 임원으로 많은 사람의 존경을 받는 엘리 엇. 좋은 남편이자 아빠인 엘리엇에게 어느 날 극심한 두통이 덮쳤다. 뇌를 덮은 수막에 생기는 악성종양인 수막종이 생긴 것이다. 긴급히 수술에 들어갔는데, 수막종 때문에 전두엽 조 직까지 손상을 입은 것이 발견되어 일부를 함께 제거했다. 외 과적 수술은 성공적이었다. 수술 후의 모습을 볼 때 지성이나 성격에도 변화는 보이지 않았다. 하지만 일상생활에 복귀한 엘리엇에게 이변이 나타났다.

그는 뭔가를 결정하지 못했다. 아침에 일어나 무엇을 해야 할지, 심지어 보고서를 읽고 어느 종이에 내용을 정리할지 우왕좌왕했다. 내용을 어떻게 정리한다기보다 어느 종이에 적을지부터 선택하지 못했다. 매 순간 어떤 선택을 내리지 못하는 상황은 계속되었다. 일상은 엉망이 되었고 견디지 못한 아내와 이혼까지 했다. 주변에서 돌봐주는 사람이 없으면 아무것도 결정할 수 없어서 임기응변식으로 생활해나갔다. 회사도 차렸지만 곧 망했다.

엘리엇 같은 사람을 복지제도가 지원해야 하는가? 그저 게으른 것뿐 아닌가? 이런 논의까지 오가는 와중에 그는 정밀 검사를 받기 위해 다마지오 앞에 나타났다. 신경심리학적 검사에서 이상은 발견되지 않았다. 심리검사의 성격을 생각해보면 흥미로운 부분이다. 상대방을 수동적인 상태로 만들어 뭔가를 하도록 강제하는 것이 심리학적 검사의 본질인데 엘리엇은 지시받은 행동을 무난히 해냈다.

엘리엇 같은 환자의 이상을 발견하지 못한 것은 심리검사에 문제가 있다는 의미일 수 있다. 그래서 다마지오는 감정에 주목했다. 의사 입장에서 엘리엇은 '좋은 환자'였다. 감정의 폭이 크지 않은 온화한 환자였고, 의사를 매도하거나 스스로를 비하하고 우는 일도 없었다.

하지만 달리 말하자면 엘리엇의 이런 상태는 감정적으로 심각한 결함이 있음을 암시했다. 그는 아무것도 느끼지 못했다. 아래와 같은 생각의 흐름을 살펴보자.

'배고프네. 뭔가 먹어야겠어. 그래, 전에 맛있게 먹었던 국밥집이 좋겠다.'

실상 여기서 행동을 유도하는 것은 감정이다. 영어 단어 'Emotion'에서 E는 '향하다', Motion은 '행위'를 뜻한다. 다시 말해 행동이란 감정이 이끄는 것이다. 엘리엇에게는 그 부분이 결여되어 있었다.

다마지오는 인간의 행위 선택 문제에 주목했다. 선택지가 다양할 때 특정 행위를 선택하기 위해서는 이성적 판단으로만 끝나지 않는 뭔가가 있다.

'내일 여자친구와 데이트를 해야겠다. 날씨가 맑으면 야구나 보러 갈까? 그런데 비가 오면 어쩌지? 비가 오면 영화관에 가거나 아니면 수족관에 가면 되겠다. 여자친구는 어느 쪽을 좋아할까?'

이렇게 선택지를 설정하는 것은 보통 사람들의 일상에서 특별한 행위가 아니다. 일부러 의식하지 않아도 저절로 실행된다. 하지만 엘리엇에게 이런 선택지는 단순한 명제의 나열

일 뿐이었다. 그는 아무것도 스스로 결정하고 실행할 수 없었다.

| 소매틱 마커 가설이란?

'그는 감정적으로 판단하는 사람이다'라는 표현은 대개 부정적으로 쓰인다. 반면에 '감정에 좌우되지 않고 생각한 다'고 하면 이성적이라는 뜻으로 호감을 준다. 하지만 다마지오는 상황에 따라 다르다고 말한다. 그는 사람이 판단할 때 감정적인 특정 구조의 도움을 빌리는데, 이는 '소매틱 마커'에 따른다고 주장했다.

다마지오의 소매틱 마커 가설이란 무엇일까?

인간은 외부에서 무슨 일이 일어나거나 혹은 뭔가를 하려고 할 때 온몸으로 반응하는데, 이는 화학적 기반의 특정 형태로 나타난다. 여기서 중요한 점은 물리적 기반이 아닌 화학적 기반이라는 사실이다. 특정한 화학적 신체 반응이 일어나면 우리는 그것을 감지할 수 있다(의식적인지 무의식적인지 별개로 하고). 그리고 이에 따라 판단을 내림으로써 불필요한 선택지를 무시할 수 있다.

다마지오는 전두엽 조직을 절제한 엘리엇에게 감정이 사라졌다고 생각했는데, 겉으로 드러난 순발적 감정이 아닌 2차적 감정이 사라졌다고 판단했다. 몸을 근거로 하는 화학적 반응, 화학적 반응을 근거로 하는 감정적 반응이 있어 우리는 일상생활에서 다양한 판단을 내릴 수 있다는 것이다.

다마지오를 찾아온 또 다른 환자 중에는 이런 경우도 있었다. 어느 추운 날 아침 이 사람은 꽁꽁 언 길을 운전했다. 앞차가 미끄러졌지만 그는 아무 동요도 없이 자신의 차를 제어할 수 있었다. 다마지오에게 이 이야기를 전할 때도 아무 감정도 섞지 않고 담담했다. 상담이 끝나고 다음 예약을 잡을 때였다. 다마지오는 두 날짜를 선택지로 제시했다. 그러자 그는 어느 쪽을 선택해야 할지 조건을 계속 비교하더니 결국 결정하지 못했다. 결국 다마지오가 날짜를 제안할 수밖에 없었다. 이런 사례를 통해 이성적 사고만으로 일상생활을 하기란 매우 어렵다고 다마지오는 주장했다.

앞서 소개한 라마찬드란의 관점과 비교하자면, 판단을 내세운 다마지오는 자발적 행동, 통증과 공감각을 내세운 라마찬드란은 수동적 행동에 주목했다고 할 수 있다.

9.
인간은 무엇을 위해
의사소통하는가?

BOOK 《**인간의 의사소통 기원**》^{Origins of Human Communication}, **마이클 토마셀로**^{Michael Tomasello}(원저 2008)

《인간의 의사소통 기원》은 대형 유인원과 아동을 비교해 의사소통의 진화를 논한다.

마이클 토마셀로는 의사소통을 연구한 심리학자다. 이 책을 쓴 목적은 인간이라는 종에게 고유한 의사소통 특징이 있다는 것을 증명해 계통발생적, 개체발생적 기원을 규명하는 것이라고 밝힌다. 의사소통은 크게 언어 의사소통과 비언어

의사소통으로 나눌 수 있다.

일반적으로 언어를 통한 의사소통을 인간만의 특징이라 생각하지만 토마셀로는 더 중요한 사실이 있다고 주장한다. 인간의 의사소통은 협력 지향이라는 점이다. 토마셀로는 요구하기와 전달하기에 더해, 감정이나 관점을 공유하는 행위가 인간 의사소통의 기반이 된다는 이론적 프레임을 제시했다.《인간의 의사소통 기원》은 '시점', 혹은 '다른 시점'이라는 개념이 인간에게만 해당한다는 새롭고도 놀라운 주장을 담고 있다.

마이클 토마셀로는 사회성과 협력에 초점을 두고 인간의 사회적 인지능력의 기원을 연구했으며 영장류의 인지 과정의 이해에 크게 기여했다. 구겐하임 재단, 영국 아카데미, 네덜란드 왕립아카데미, 독일 국립과학아카데미 등에서 과학적 업적을 인정받았다.

| 터키와 일본의 협력

1980년에 발발한 이란·이라크전은 1985년 전환점을 맞았다. 이라크는 "이란 상공을 비행하는 모든 항공기는 이라크 공군의 공격 대상이다"라는 성명을 냈다. 게다가 48시간 경과 후 무차별 공격하겠다는 경고까지 한 상태였다.

이란에 체류 중이던 일본인들은 48시간 안에 국외로 떠나야 했다. 문제는 당시 이란과 일본 잇는 직항편이 없었다는 것이다. 일본에서 자국의 항공기를 보내려고 했지만 여의치 않았다. 이란에 체류 중이던 일본인들이 절망에 빠지자 터키 정부는 이란-터키 정기 여객기와 비행기 한 대를 더 제공해 일본인 215명을 터키로 탈출시켰다.

터키 대사는 이를 '에르투룰호 사건의 답례'라고 말했다. 과거로 거슬러 올라가 1890년 9월, 오스만투르크 제국 소속의 군함 에르투룰호가 일본 키이반도의 최남단 앞바다에서 조난되어 약 500명의 희생자가 발생했다. 그 와중에 인근 지역 주민들의 필사적인 인명구조 덕분에 69명이 목숨을 건져 터키로 귀국할 수 있었다. 이 사건은 터키 교과서에 실릴 만큼 유명했다.

두 사건을 계기로 양국의 유대는 더 끈끈해졌다. 이런 협력적인 의사소통 능력은 인간만의 특징일까?

| 인간은 9개월부터 사회화된다

일반적으로 언어를 통한 의사소통을 인간만의 특징적인 의사소통이라고 생각한다. 그런데 토마셀로는 더 중요한 것이 있다고 주장했다. 인간의 의사소통은 협력 지향이라는 점이다. 기존에는 인간의 의사소통을 주로 '사실 전달'과 '요구'의 성격으로 규정했다. 예를 들어 스키너는 행동주의 입장에서 언어를 '맨드Mand(요구하기 언어행동)'와 '택트Tact(보고하기 언어행동)'로 구분했는데 이는 기존의 관점을 보여주는 주장이다. 반면에 토마셀로는 요구하기와 전달하기에 더해, 감정이나 관점을 공유하는 행위가 인간 의사소통의 기반이 된다는 이론적 프레임을 제시했다. 그리고 이 프레임을 통해 인간을 포함한 동물의 행동을 연구했다.

그 후 그는 '9개월 혁명'을 주장했다. 여기에 따르면, 인간은 생후 9개월 전후 시기에 말을 습득하기 위한 토대를 구축한다. 또한 타인(주변의 어른인 경우가 많다)이 의도를 가진 존재라고 이해하게 된다. 구체적인 예로, 이 무렵 아이는 타인이 손가락으로 가리킨 쪽을 바라보기 시작한다. 이쪽을 봐달라는 상대방의 의도를 파악하는 것이다. 주위 어른이 "예쁜 꽃이 있네! 저쪽 좀 봐!"라며 손가락으로 가리키면 생후 9개월 이전의 아기는 그 의도를 파악하지 못한 채 손가락 끝만 쳐다보곤 한다. 하지만 9개월 무렵부터는 꽃을 보라는 요구를 이해한다.

미국 정신분석학자 르네 스피츠^{Rene A. Spitz}는 '8개월 불안'이라는 이론을 주장했다. 쉽게 말하자면 낯가림이다. 8개월 미만의 아기는 어제와 오늘 같은 사람을 만나도 동일인인지 잘 모른다. 그런데 8개월 무렵부터 특정 인물을 '그 사람'이라고 동일시하여 파악할 수 있다. 그래서 의지하는 누군가가 눈앞에 없으면 불안해한다. 새끼 연어와 달리 인간은 태어나자마자 혼자 헤엄치거나 살아가지 않고 생존을 위해 여러모로 주위 사람들의 보살핌과 배려를 받는다. 이것이야말로 얀발지너가 말하는 '문화'이며 이를 제일 처음 담당하는 사람은 양육자다(다만, 생물학상 친모일 필요는 없다).

중요하고 빈도가 높은 인물을 '그 사람'으로 인식해 감정이나 관점을 공유하게 되는 것이 8~9개월 무렵이라면, 이때가 문화적, 사회적 일원으로 변화하는 시기일지도 모른다.

자신과 타인의 관계 구축은 사회관계의 시작이다. 이 시작을 토마셀로는 '9개월 혁명'이라고 불렀다. 초기에는 자신의 양육자가 사회의 전부지만 성장해가면서 범위를 넓혀 다양한 의사소통을 하기 시작한다.

| 아동심리학의 역사

원래 서양의 사고관으로는 유아가 갑자기 성인이 된다고 보았다. 아이에게 노동을 시킨 점만 보아도 그렇다. 당시의 관점에서 인간은 성인 전과 성인 후로만 나뉘기 때문에 일을 한다는 것은 곧 성인이 되었다는 의미였다. 그러다가 아이의 존재를 발견하게 되었고(역사학자 필리프 아리에스^{Philippe Aries}의 지적이 유명하다) 아이를 아이로서 이해하고 양육하려는 풍조가 생겼다.

찰스 다윈은 1877년 자신의 아이를 관찰한 내용을 기반으로 논문을 발표했다. 또한 그랜빌 홀^{Granville Stanley Hall}은 심리학자, 교사, 부모 등이 각자의 입장에서 아이의 모습을 관찰·보고할 것을 촉구하는 아동연구운동을 펼쳤다(1893). 알프레드 비네도 이런 흐름에 동참하여 아이의 지적 발달 단계

에 관심을 가지고 자기 아이의 사례를 바탕으로 연구를 진행
했다.

빌리암 슈테른^{William Stern}은 특히 아이의 언어발달에 주목
했다. 그는 아이가 하는 말을 시기별로 관찰해 한 단어에서
두 단어로 이행하는 과정을 포착했다. 개를 본 아이가 '멍멍'
이라고 했다면 이는 울음소리를 흉내 낸 것이 아니라 '개가
있다'는 상황을 묘사한 행위라고 주장했다. 즉 어른이 문장
으로 표현하는 것을 한마디로 설명하는 것이다. 이런 한 단
어 표현은 만 1세 무렵부터 나타나며, 아이가 발달함에 따라
두 단어 표현으로 변화한다.

그 후 심리학계에 피아제^{Jean Piaget}가 등장했다. 그는 아이
의 지성 발달은 키가 자라는 것 같은 양적 변화가 아닌 질적
변화이며 그때까지 없던 것이 새로 발생하는 것이라는 발생
적 인식론의 입장에서 연구를 진행했다. 그는 아이들을 대상
으로 문답법(임상면접법, 아이가 무슨 생각을 하는지 신중히 면접
한다)을 시도해, 아이의생각이 질적으로 바뀜을 이론화했다.

피아제에 따르면, 아이의 생각은 기본적으로 자기중심적
이다. 예를 들어 '세 개의 산 실험'에서 유아에게 색과 크기가
다른 산 모형 세 개를 배열한 장면을 보여주고서, 맞은편에
서는 그 산이 어떻게 보일지를 묻는다. 자리를 바꿔 앉으면

다르게 보인다는 사실을 아무리 알려줘도 아이는 알아차리지 못하며, 자신의 관점에서 보이는 산의 모양을 계속 골라낸다. 그러나 일정 시기가 되면 아이의 인식 양상은 질적으로 변화하여 타인의 시점에서 보이는 풍경도 이해할 수 있게된다.

제2차 세계대전이 발발하자 부모를 잃은 수많은 고아가 생겨났다. 여러 곳의 시설에 수용된 아이들은 발육부진과 품행 불량 양상을 보였다. 영국 정신분석가 존 볼비John Bowlby는 아이의 타고난 성향이 아닌 시설의 환경이 문제아를 만든다고 했다. 즉, 아이를 상대하는 양육자가 부족한 게 문제라고 지적했다.

1960년대가 되자 '유능한 영·유아 발견'이 일어났다. 19세기 말 윌리엄 제임스는 영·유아의 머릿속이 벌이 나는듯한 상태여서 아이가 우는 것이라고 설명했고 학계는 그 주장을 받아들였다. 하지만 20세기 중엽 심리학자들은 정교한 실험을 통해 아이의 다양한 감각을 측정하여 의미 있는 결과를 도출했다. 미국인이 아니어도 출생 직후에는 영어 R과 L의 발음을 듣고 구분할 수 있다는 연구 결과도 이때 밝혀졌다.

1970년대 이후에는 공감 능력에 관심이 커졌다. 토마셀로는 공감 능력과 초기 언어가 어떤 관계인지 주목했다. 사이면 배런코언^{Simon Baron-Cohen}은 연구를 통해 자폐증의 경우 공감 능력이 극단적으로 부족하고 체계화 능력만 발달한 상태라고 밝혔다. 아울러 '마음 이론'에 따라, 일반적으로 아이들은 네 살 무렵이 되면 타인을 마음을 가진 존재로 생각할 수 있지만 자폐아는 그렇지 않다고 설명했다.

| '다른 시점'은 인간에게만 있다

토마셀로는 '시점', 혹은 '다른 시점'이라는 개념이 인간에게만 해당한다는 참신한 주장을 펼쳤다. 피아제의 '세 개의 산 실험'이 증명하듯 아이는 특정 시기까지 타인의 시점을 이해할 수 없다. 하지만 아무리 성인이라고 해도 타인의 시점에서 세상을 바라볼 수 있다는 것은 기적 같은 일이 아닐까. 인간은 협력 지향적인 존재이기 때문에, 똑같은 사물을 남들은 자신과 다른 각도에서 바라볼 수 있다고 깨닫는 것은 중요한 기술이다. 그래서 시야가 좁거나 자신의 관점에서만 생각하는 것은 치명적인 결점으로 비치곤 한다.

의사소통의 어원은 '공유'에 있다. 애당초 자신과 완전히 똑같은 시점을 가진 타인은 존재하지 않는다. 따라서 의사소통은 시점이나 의도를 공유하는 행위를 포함해야 한다. 또한 인간은 성장 과정에서 자신의 행위가 타인에게 어떻게 보이는지도 학습할 수 있다. 대체로 아이들은 세 살 정도가 되면 거짓말을 하기 시작한다. 아이가 거짓말을 한다는 것은 자신이 한 일을 부정적으로 이해해서 실제와는 다르게 말할 수 있다는 증명이기도 하다. 인지적 발달 측면에서는 축하할 일이다.

하지만 거짓말을 시작한 아이를 보며 기뻐하는 부모는 없을 것이다. 대부분은 깜짝 놀라서 "엄마는 정말 실망했어. 네가 한 일을 다르게 말하면 안 돼"라고 가르친다. 결국 아이는 거짓말은 나쁘다는 것을 이해하지만 이렇게 하면 부모의 관심을 끌 수 있다는 점도 알게 되어 굳이 거짓말을 하는 경우도 생긴다. 이처럼 겹겹이 쌓이는 의도를 거듭 추측해 의사소통할 수 있는 것이 바로 인간의 특징이다.

《인간의 의사소통 기원》은 철학자 루드비히 비트겐슈타인Ludwig Josef Johann Wittgenstein의 사상에 많은 부분 의지했다(책의 각 장 서두가 전부 비트겐슈타인의 인용으로 시작된다). 이 책의 또 한 가지 일관된 기조는 토마셀로가 주장하는 다음의 세 가지 가설이다.

가설 1. 협력에 기반한 의사소통은 먼저 보디랭귀지 영역으로 진화했다. 즉, 개체 발생 과정에서 생기는 자연스럽고 자발적인 손가락질과 흉내를 통해 발생하고 진화했다.

가설 2. 협력에 기반한 의사소통의 진화를 돕는 것은 '공유지향성' 심리 기반이다. 즉, 협조 활동을 하는 가운데 공유하고자 하는 동기가 일어나고 이를 가능케 하는 기술을 활용하는 것이다.

가설 3. 인간은 음성이나 기호를 사용해 언어적인 의사소통을 할 수 있다. 이는 인간에게 협조 활동이 본질적이기 때문이며, 아울러 다음과 같은 요인에 힘입는다. 인간에게는 자연스럽게 이해할 수 있는 보디랭귀지가 존재한다는 점, 여러 사람이 공유를 지향하는 심리 기반을 갖는다는 점, 모방과 문화라는 학습 기술이 있어서 습관이나 구문을 만들어 전달할 수 있다는 점이 그것이다.

토마셀로는 다양한 관찰과 실험에 근거한 데이터를 통해서 위의 논의를 펼쳤다. 또한 토마셀로는 인간의 의사소통이 단순히 공유하는 행위 이상이며, 협력적 행위를 전제로 한다는 점도 중요하게 여겼다. 그래서 '협력에 기반한 의사소통'이라는 표현을 늘 사용했다.

    심리학자들은, 인간에게 고유한 협조 활동의 진화 과정에서 협력에 기반한 의사소통이 생겨났다는 가설을 세웠다. 서두에서 예로 든 일본과 터키의 시공을 초월한 협력 활동은 인간만이 가진 의사소통 능력이라 할 수 있을 것이다. 협조 활동과 협력에 기반한 의사소통은 둘 다 보상 없이 도움과 정보를 타인에게 제공하는 일이다. 또한 겹겹이 쌓인 의도를 추측하는 과정을 동반한다.

    우리는 보상을 기대하지 않고 협조할 수 있을까? 만약 그렇지 않다면, 그것을 방해하는 사회적 요인에 주목하고 이를 제거하는 데 힘써야 할지도 모른다.

제2부

발달심리학

10.
전체 사고 능력을 파악하는
지능검사의 시작

《지능의 실험적 연구 On Double Consciousness**》, 알프레드 비네**
Alfred Binet **· 시어도어 시몽**Theodore Simon(원서 1903)

　프랑스의 심리학자이자 의사인 알프레도 비네는 최초로 실용 가능한 지능검사를 만들었다. 《지능의 실험적 연구》는 알프레드 비네와 시어도어 시몽, 두 사람의 지능에 대한 논문 5종을 수록한 책이다.

　19세기 말 알프레드 비네는 프랑스에서 신흥 학문이던 심리학에 매료되었다. 인간의 사고 과정에 대해 독창적인 연구와 저술을 이어가던 중 1890년 무렵부터 아동발달에 관심을 가지게 되었다. 이후 장기간에 걸쳐 아동 연구에 매진했으며, 1905년에는 정부의 요청에 따라 젊은 의사 시몽과 협력하여 아동 심리검사법을 최초로 발표했다. 이것이 지금까지도 가장 널리 사용되며 신뢰받는 비네시몽 검사법의 원형이다.

비네는 지능이 복잡하다고 가정했다. 그래서 주의력, 이해력, 판단력, 추리력 등 영역에 따라 전체적으로 다루고자 했다. 아이의 사고 전체를 파악하고, 양육자를 면담하는 방식이 아니라 당사자를 직접적인 검사 대상으로 삼았던 비네의 지능검사는 큰 진전으로 평가받는다.

알프레드 비네는 정신분열증 연구에서도 큰 성과를 거두었다. 《지능의 실험적 연구》에는 그가 이룬 심리학적 업적이 축적되어 있다.

| 지능검사와 지능지수

나는 지능검사와 지능지수에 상당히 비판적인 입장이었다. 숫자로 인간을 관리하는 말도 안 되는 도구라고 생각했다. 추상적 개념을 측정 가능한 속성으로 바꾸는 소위 '조작적 정의' 역시 믿지 않았다(예를 들면 지능이라는 개념을 수치화하기 위해, 연구자가 개념을 조작하여 '지능이란 곧 지능검사 점수'와 같이 지능의 조작적 정의를 내릴 수 있다).

지능검사를 만든 알프레드 비네는 정말 어처구니없는 것을 개발한 사람이라고 생각했다. 하지만 그는 내가 생각한 검사주의, 수치지상주의, 측정주의자, 조작적 정의주의자가 아니었다. 아이를 자신의 눈으로 직접 확인하고 아이에게 더 나은 미래를 주기 위해 고민한 인물이었다. 개인적으로 나는, 비네의 원전을 읽지 않고 지능검사를 무분별하게 시행하는 것을 엄격하게 금지해야 한다고 생각한다.

19세기 말 비네는 프랑스에서 신흥 학문이던 심리학에 심취해 있었다. 그는 인간의 사고 과정에 흥미를 느꼈는데 아이가 암시의 영향을 받는다는 사실에 주목했다. 그때 프랑스에는 모든 아이를 학교에서 교육할 수 있는 체제가 마련되

는 중이었다. 하지만 개중에는 집단교육의 학급 진도를 따라
가지 못하는 아이도 있어서 행정적 측면에서 객관적으로 아
이들을 파악하는 것이 급선무였다. 일상에서 어떤 사람이 머
리가 좋다, 나쁘다를 판단하는 것과 달리 국가가 지체아를
판정하는 일은 훨씬 심각한 일이며 매우 신중해야 한다.

| 아이를 전체적으로 판단하기 위한 검사

얼마나 똑똑한가를 판단하려는 시도는 1879년 심리학이
성립하기 전후에도 다양한 형태로 이루어졌다. 스프루자임
J. G. Spurzheim이 창시한 골상학은 머리 모양으로 똑똑한 사람
인지 아닌지 구별했다. 심리학자 제임스 카텔James McKeen Cattel
은 '멘탈 테스트'라는 검사용 키트를 고안했다. 이는 심리학
에 실증주의 정신이 반영된 사례로, 실제로 시도해보고 성공
여부를 검증할 수 있는 실험이었다. 하지만 골상학과 멘탈
테스트는 둘 다 실패했다. 초점에서 벗어났기 때문이다.

그런 상황에서 1905년 비네는 프랑스 정부의 지원 아래
젊은 의사 시몽과 협력하여 종합적 판단을 중시하는 새로운
지능검사를 만들었다. 또한, 아이의 나이를 지적 수준의 기

준으로 삼는 방법을 생각해냈다. 즉 평균적인 3세 아동이 할 수 있는 일은 '3세 아동 수준', 평균적인 4세 아동이 할 수 있는 일은 '4세 아동 수준'과 같은 기준을 만들었다. 뭔가를 '할 수 있다', '할 수 없다'라고 단순히 판단하는 것이 아니라 전체적으로 어떤 아이가 몇 세 아동 수준인지 판단하는 구조를 만든 것이다. 지금은 상식이 되었지만 비네 이전에는 그런 기준을 생각한 사람이 없었다.

| 지능은 복잡하다

비네는 지능이 단순하지 않고 복잡하다고 가정했다. 그래서 주의력, 이해력, 판단력, 추리력 등 영역에 따라 전체적으로 다루고자 했다. 기존의 실패한 멘탈 테스트가 각각의 능력을 개별적으로 측정하려 했던 것에 비해, 비네는 아이의 사고 전체를 파악하는 방법을 추구했다. 비네와 시몽은 먼저 30가지 질문을 준비했다. 다음은 그중 처음 다섯 가지다.

1. 불타는 성냥을 눈앞에서 움직였을 때 이를 눈으로 쫓아갈 수 있는가(즉, 대상을 응시할 수 있는가)?

2. 작은 나뭇조각이 손에 닿았을 때 입으로 가져갈 수 있는가?

3. 먼 곳에 있는 사물을 본 후 그것을 붙잡을 수 있는가?

4. 먹을 수 있는 것(초콜릿)과 먹을 수 없는 것(나뭇조각)을 구별할 수 있는가?

5. 4번에서 이용한 초콜릿을 만졌을 때 초콜릿이라는 것을 기억할 수 있는가?

위의 항목은 2세 아동의 지능 수준이며 성인이 이 항목을 이행하지 못하면 중증 지적장애 판정을 받는다.

비네와 시몽은 이 최초의 검사가 대체로 타당하다는 데 힘을 얻어 내용 수정에 임했다. 3세가 할 수 있는 항목, 4세가 할 수 있는 항목을 사전조사해서 설정했다. 이 지능검사는 정신지체아를 변별해 특수교육을 받게 하는 데 큰 영향력을 발휘했다.

비네 이전에는 적절한 검사가 없었던 탓에 당사자가 아니라 부모를 면접해서 아이의 지적 수준을 추정했다. 당사자를 대상으로 한 비네의 지능검사는 큰 진전으로 평가받는다. 하지만 비네가 개발한 지능검사는 아이를 유심히 관찰해 그 실태에 맞춰 교육하도록 한다는 원래 의도와 다른 형태로 발전했다.

비네의 지능검사를 변질시킨 가장 큰 원인으로 두 가지를 꼽을 수 있다.

- 1916년 미국의 심리학자 루이스 터먼^{Lewis M. Terman}이 비네의 검사를 기초로 스탠퍼드비네 검사를 표준화하면서 지능검사 결과를 지능지수라는 수치로 나타냈다. 이것이 현대식 IQ 테스트의 전신이 되었다.
- 미국이 제1차 세계대전에 참전하면서 단시일 내에 대규모 병력을 선발하고자 성인을 대상으로 하는 집단식 지능검사를 시행했다.

그 결과, IQ가 낮은 사람들은 이민을 배제하거나 강제 불임시술을 시행하기도 했다. 비네가 의도한 바와 정반대의 결과였다.

지금도 지능검사는 세계 곳곳에서 너무도 손쉽고 흔하게 이루어지고 있다. 지능검사를 하려거든 적어도 비네의 정신을 알았으면 한다.

11.
심리학에 정신분석을
연결하다

BOOK 《정신분석학 입문Vorlesungen zur Einführung in die Psycho analyse》, 지그문트 프로이트Sigmund Freud(원저 1916~1917)

《정신분석학 입문》은 마르크스Karl Marx, 아인슈타인Albert Einstein과 더불어 '20세기 사상의 거장'으로 불리는 프로이트의 전반기를 총정리한 책이다. 프로이트 이론에 들어설 때 맨 먼저 선택해야 할 입문서이기도 하다.

프로이트는 신경해부학, 신경생리학 분야에서 놀라운 업적을 쌓으며 연구활동을 시작했다. 1873년 빈 의과대에서 생리학을 전공한 그는 1885년 프랑스 파리로 유학을 떠난 이후 히스테리 환자들을 치료하며 심리와 신체 관계의 문제를 파고들기 시작했다. 이를 토대로 1896년 '정신분석'이라는 이론을 정립했다. 처음에는 신경증 환자들의 정신을 탐구하면서 그들을 치료하는 것으로 시작했지만 곧 정신분석학은 정신 전반에 관한 지식을 탐구하는 매개 학문으로 자리 잡았다.

프로이트는 어린 시절의 정상적인 성적 발달 단계를 설명하고 주로 꿈의 해석에 근거해 인간의 일상적인 생각과 행위에 영향을 미치는 무의식의 힘을 발견해냈다. 인간의 정신을 분석하기 위한 과학적이고 체계적인 도구를 최초로 찾아낸 인물이 바로 프로이트다.

프로이트의 정신분석은 발달 이론, 자아 이론, 신경증 치료법 등이 하나로 묶여 이론을 형성했기 때문에 심리학과 긴밀하다. 훗날 에릭 에릭슨은 프로이트의 정신분석에서 아이덴티티 이론을 만들어냈는데 이는 발달심리학에도 기여했다.

| 프로이트의 전반기를 망라한 책

《정신분석학 입문》은 '20세기 사상의 거장'으로 불리는 프로이트의 전반기를 총정리한 책이다. 1916~1917년 빈대학 의학부에서 실시한 정신분석 입문 강의를 출간한 것으로 총 3부, 28개 강의로 구성되어 있다. 여기서 정신분석의 기본 구조가 완성되었고 그 후 원만한 수정과 발전이 이루어졌다. 이 책이 출간된 지 15년 후 개정증보판이 간행되었다.

이 책은 원래 세 권으로 나뉘어 출간되었다. 다시 말하자면 그때까지의 프로이트 학설을 크게 세 가지 내용으로 구분할 수 있다는 뜻이다.

그 세 가지는 '착오 행위(실수)', '꿈', '신경증(노이로제)'이다. 프로이트는 착오 행위, 꿈, 신경증이 연속되면서도 질적으로 서로 다르다고 생각했던 듯하다. 쉽게 물을 예로 들어보자.

'H2O'는 온도가 변화하면 얼음, 물, 수증기 상태로 변화한다고 알려져 있다. 이를 상전이라고 한다. 물질이 양적으로 변화할 뿐만 아니라 기체, 액체, 고체라는 질적 변화를 동반한다. 프로이트의 이론에 따르면 '착오 행위', '꿈', '신경증'은 얼음과 물, 수증기처럼 서로 다른 것이면서도 연속한다고 이해할 수 있다.

| 프로이트가 말하는 실수와 꿈

'착오 행위'의 예로 말실수를 들 수 있다. 프로이트는 절대로 실수하면 안 된다고 의식하는데도 발생하는 말실수는 단순한 잘못이 아니라고 주장했다. 그는 회의석상에서 의장이 개회 선언하는 상황을 예로 들었다. "지금부터 ○회 ○○ 회의를 개최하겠습니다"라고 단순히 선언하기만 하면 되는데 "지금부터 폐회하겠습니다"라고 정반대의 말을 내뱉었다면 어떨까?

프로이트의 주장에 의하면 착오 행위는 대립하는 심적 의향 사이의 갈등이 표출된 것이며, 불쾌감으로부터 도피하고자 하는 마음이 동기라고 한다. 회의 시작 순간에 '폐회'라고 말실수를 했다면, 의장으로서 자신의 역할을 마땅히 해야한다는 공적인 의향과 부담스러운 자리를 피하고 싶은 이면의 의향이 서로 갈등을 일으켜 말실수(착오)가 생겨난 것이라 볼 수 있다.

프로이트의 또 한 가지 독창적인 관점은, 꿈이라는 현상에 심리학적 분석을 반영한 것이다. 꿈은 우리가 일상생활에서 충족시키지 못한 욕구를 해소하기 위해서 일어나는데, 여기서 충족되지 못한 욕구는 대부분 성적인 것이라고 설명했다. 우리가 꾸는 꿈은 앞서 설명한 실수와도 유사한 과정을 거친다. 무의식이 드러내고 싶어 하는 욕망, 그리고 그 욕망을 제어하려는 자아. 그 충돌 과정에서 꿈이라는 결과가 빚어진다.

프로이트는 우리에게 의식과 무의식이라는 두 종류의 정신(영혼)이 있다고 제시한다. 마음 깊은 곳에 숨어 있는 무의식적 영혼은 성적이고 파괴적이며 충동과 욕구를 포함한다. 정상인은 두 정신을 조화시킬 수 있지만, 신경증 환자는 둘 사이의 균형을 잃어 병든 상태가 된다.

의사였던 프로이트는 신경증 치료에 관심이 있었다. 착오 행위나 꿈에 주목한 것도 신경증의 이해와 치료 때문이었다. 재미있게도 《정신분석학 입문》의 차례 구성은 프로이트가 직접 연구해 그 성과를 공표한 것과 정반대의 순서를 따른다. 실제로는 신경증 치료에서 시작해 꿈에 주목하고 그 후 일상적인 실수 행위에도 시선을 돌렸다.

프로이트에 와서 신경증 연구는 혁명적인 전환을 맞게

되었다. 이전의 전통적인 정신의학에서는 신경증을 신경·생리학적 질병으로 간주했다. 프로이트는 히스테리 연구를 통해 신경증 증상의 상징적, 심리적 의미를 발견함으로써 과학적, 의학적 담론과 구분되는 새로운 학문을 창시했다.

프로이트에 따르면 신경증은 병리적 현상이지만 정상적인 사람에게도 흔히 나타나는 보편적인 현상이기도 하다. 두 경우의 차이는 일상생활에 쓰는 에너지의 양적 문제일 뿐이며 질적 문제는 아니므로 신경증 환자는 '치료될 수 있다'라고 프로이트는 확신했다.

| 프로이트 이론의 매력

프로이트의 생각은 소모임에서 시작되었는데 처음부터 지지받은 것은 아니다. 1902년 이후 프로이트는 자택에서 수요심리학회라는 모임을 열었는데 훗날 이 모임은 빈 정신분석협회로 발전했다. 알프레드 아들러Alfred Adler는 처음부터 열심히 활동한 참가자였다. 조발성 치매 대신 스키조프레니아Schizophrenia(조현병)라는 용어를 주창한 오이겐 블로일러Eugen Bleuler도 동료로 참여했다. 그는 프로이트의 정신분석을 높이 평가했으며 칼 융을 소개하기도 했다. 융은 자유연상법과 실험심리학을 융합한 언어연상법을 연구해 콤플렉스(심적 복잡성) 연구를 진행했다.

1908년 오스트리아 잘츠부르크에서 아들러, 프로이트, 융 등 42명이 모인 제1회 국제정신분석학회가 열렸다. 하지만 이때까지도 유럽에서는 프로이트의 생각에 비판적이었다. 프로이트의 정신분석은 출신지인 유럽이 아닌 미국에서 받아들여졌다.

그때까지 노이로제란 몸 어딘가 문제가 있거나 악마에게 사로잡혀 증상이 생긴다고 여겼다. 몸의 어딘가, 이를테면 자궁이 원인이라 생각해서 히스테리 환자의 자궁을 적출하는 수술을 감행하기도 했다. 히스테리 증상은 남성보다 여성에게서 더 많이 나타나는데 여성에게만 있는 기관이라 한다면 곧 자궁이라고 단순히 판단한 것이다.

하지만 프로이트는 이 문제에 심리 구조를 통해 접근하고자 했다. 현실 속에서 자아가 겪는 갈등을 이성적이고 자의적인 방법으로 통제할 수 없을 때, 심리적 상처를 막고자 현실을 거부하거나 왜곡하여 지각함으로써 불안으로부터 자아를 보호하고자 한다는 것이다. 무의식적으로 작동하는 이 방어기제가 실패로 돌아갔을 때 신경증이라는 정신적 문제를 일으킨다고 보았다.

프로이트가 활약한 19세기 말 빈에서는 목 아래쪽의 신체 부위를 입 밖에 꺼내는 것조차 천박하다고 여겼다. 특히 여성은 성적 표현을 할 수 없었다. 반면에 남성은 지금보다도 더 독선적으로 성적 행동을 하는 것이 허용되었고 그 직접적, 간접적 피해는 고스란히 여성들에게로 돌아갔다.

프로이트는 여성이 성적인 일로 문제를 겪더라도 드러내어 표현할 수 없기 때문에 억압 등의 방어기제가 작동해 신경증(노이로제)이 나타난다고 생각했다. 지금은 프로이트의 사상을 가부장적이고 여성차별적이라는 시선으로 보기도 하지만, 사실 당시의 시대상을 생각해보면 상당히 개방적이고 진취적이었던 셈이다. 그는 여성의 정신적 문제와 장애에 과학의 칼날을 댔고 성행동과 성욕의 의미를 개방적으로 논의할 수 있도록 포문을 열었다.

| 20세기 새로운 인간관을 만들다

미국 존스홉킨스대에 최초의 심리학 연구실을 설립한 그랜빌 홀은 클라크대 창립과 함께 학장이 되었고 1909년 클라크대 20주년 기념 컨퍼런스에 프로이트와 융 등을 초빙해 강연을 의뢰했다. 독일어로 진행된 강연이 미국 심리학 잡지에 영어로 번역되어 알려지면서 미국에서 프로이트의 정신분석을 받아들이는 계기가 되었고 이후 큰 영향력을 갖게 되었다.

인간의 발달 과정에서 생후 양육 환경을 중시하는 프로이트의 관점은 유전을 근거로 하던 그때까지의 주장과 확연히 구별되었다. 프로이트의 사상은 인간의 가능성을 새롭게 열어주었다는 점에서 신대륙 미국을 사로잡았다.

일반적으로 행동주의와 정신분석을 물과 기름으로 생각하지만 인간의 생후 경험, 환경을 중시한다는 점은 서로 일치한다. 이 두 이론은 20세기 새로운 인간관을 형성했다.

프로이트의 정신분석은 발달 이론, 자아 이론, 신경증 치료법 등이 하나로 묶여 큰 이론을 형성했기 때문에 심리학과 융합하기 쉬웠다. 훗날 에릭 에릭슨은 프로이트의 정신분석에서 아이덴티티(자아동일성) 이론을 만들어냈는데 이는 발달심리학에도 기여했다. 또한, 프로이트의 신경증 치료법은 약물을 쓰지 않는다는 특징 때문에 의학이나 의료보다 심리치료와 더 관계 깊은 영역으로 다루어지곤 한다.

12.
인간의 유형을 제시하다

BOOK 《심리 유형Psychologische Typen》, 칼 구스타프 융Carl Gustav Jung(원서 1921)

심리학자이자 정신의학자였던 칼 구스타프 융은 프로이트가 말한 억압을 입증하고 이를 '콤플렉스'라고 명명했다. 콤플렉스라는 개념은 정신분석학과 심리학에서 빈번히 사용되었고 융은 세계적인 명성을 얻었다.

1907년 이후 융은 정신분석의 창시자 프로이트와 공동 작업을 하면서 그의 후계자로 더 유명해졌다. 하지만 그는 프로이트의 리비도를 성적 에너지에 국한하지 않고 일반적인 에너지라고 주장한 끝에 갈등을 빚어 결국 결별했다. 이때 독자적으로 무의식 세계를 연구해 분석심리학을 창시했다.《심리 유형》은 마음의 기능을 중시해 독자적인 분석심리학 체계를 만들어낸 책이다.

융은 인간을 두 가지 유형으로 나눌 수 있다고 생각했다. 즉 인간관계 등 외면에 관심이 있는 사람과 자신의 주체 등 내면에 관심이 있는 사람으로 구분했다. 이런 내향과 외향 이분법에 더해 네 가지 심적 기능이 중요하다고 주장했다. 그것은 감각, 사고, 감정, 직관이다. 융의 주장에 따르면 사고와 감정은 대립하는 존재로 공존할 수 없고 감각과 직관도 대립한다.

이렇듯 융은 인간의 내면에는 무의식의 층이 있다고 믿었다. 집단 무의식의 존재를 인정했으며 각 개체의 통합을 도모하게 하는 자아 원형이 있다고 주장했다. 집단 무의식을 이해하기 위해 신화학, 연금술, 문화인류학, 종교학 등을 연구하기도 했다.

| 융과 프로이트의 대립

1912년 칼 융이 《변용의 상징Wandlungen und Symbole der Libido》을 발표하는 바람에 프로이트와 융 둘 사이의 대립은 회복 불가능해졌다고 전해진다. 프로이트와 융은 무의식에 대해 서로 확고한 생각 차이를 보였다.

프로이트는 인간에게 억압을 일으키는 유일한 기제를 성욕이라고 간주했다. '욕망'이라는 의미의 리비도Livido에 대해 프로이트는 인간의 정신적 삶에 작용하는 성충동이라고 말했지만, 융은 이것을 훨씬 더 넓은 의미의 정신적 에너지로 보았다. 무의식이라는 '없는 존재'를 두고 대립하는 것이기에 둘 사이의 골은 깊어지기만 했을 것으로 추측할 수 있다.

융은 1900년 스위스 바젤대 의학부를 졸업했는데, 마침 그해에 출간된 프로이트의 《꿈의 해석Die Traumdeutung》을 읽었다. 그때는 잘 이해하지 못했지만 단어 연상 연구(피험자는 검사자가 불러주는 단어를 듣고 처음 떠오르는 단어로 반응한다. 이를 통해 융은 개인의 무의식을 파악하고자 했다-옮긴이)를 여러 해 동안 수행한 후인 1905년 이 책을 다시 읽고서 비로소 이해했다고 한다.

1907년 융은 프로이트를 처음 만났다. 첫 만남에서 무려 13시간 동안 대화를 나눌 정도로 서로에게 끌렸다. 융은 프로이트의 천재성을 인정해주었고 프로이트는 융을 각별한 관계로 생각하며 아들처럼 아꼈다. 그러다 1909년 미국 클라크대 20주년 기념 컨퍼런스에 초대를 받고서 두 사람은 함께 7개월에 걸친 강연 여행을 떠났다. 대서양을 배로 가로지른 이 긴 여행 동안 둘의 관계는 틀어지고 말았다.

1910년 국제정신분석학협회가 설립되자 유대인인 프로이트는 아리아인인 융을 회장에 선임했지만 강연 여행으로 금이 가기 시작했던 둘의 관계는 회복되지 못했고 1911년 이론적으로 명확히 대립했다. 그리고 1912년 융이 《변용의 상징》을 발표한 이듬해 둘의 관계는 파국을 맞았다. 융은 그후 방향을 잃고 일시적으로 학문적, 정서적 고립에 빠졌다. 한편으로 융에게 이 시기는 무의식 세계를 향한 본격적인 탐사에 돌입하는 계기가 되었다.

| 프로이트와 아들러의 차이에서 찾은 이론

1921년 융은 《심리 유형》을 발표하며 부활했다. 그는 프로이트와의 관계가 끝난 후인 1913년 9월 '심리적 유형에 대한 문제'라는 제목으로 강연을 했다. 그 내용을 오랫동안 정리하지 못하다가 프로이트와의 결별로 인한 심적 타격을 8년에 걸쳐 치유한 결과로 마침내 이 책을 내놓았다.

여기서 융은 정신분석의 근본 개념인 리비도라는 에너지가 내향적인 사람과 외향적인 사람이 있다고 주장했다. 흥미롭게도 이 차이는 프로이트와 아들러의 대립에서 찾아낸 것이다. 아들러는 프로이트의 문하생으로 개인심리학을 정립한 인물이다. 그는 융보다 한발 먼저 프로이트에게 반기를 들었다. 융은 그들이 대립하는 모습을 보고 그 사이에서 흔들렸다.

프로이트가 정신분석을 처음 발표했을 때는 학계에서 인정받지 못하고 무시를 당했다. 여기에 굴하지 않고 자택에서 수요 모임(수요심리학회)을 열었는데 초기부터 이 모임에 참석한 인물이 아들러였다. 1911년 프로이트와 결별하고 자유정신분석학협회를 결성하기까지 아들러는 초기의 정신분석학을 뒷받침했다. 아들러는 유년기부터 허약했는데 구루병 때문에 키가 작은 열등감에 갇혀 살았다. 그래서 의식적으로 열등감을 억압하거나 다른 것에 있는 힘을 쏟는 현상(보상)에 관심을 가졌다. 또한 개인을 더 분류할 수 없는 존재로서 전체적인 관점으로 바라보려 했다.

초기에 아들러는 《꿈의 해석》을 높이 평가하며 프로이트의 동료가 되었지만 프로이트가 성적 에너지(리비도)를 중심으로 사고하는 데 비해 아들러는 주체가 가진 힘의 행사가 중요하다고 생각해 둘의 방향성은 어긋나기 시작했다.

이런 생각 차이는 히스테리 환자의 예를 해석하는 데도 반영되었다. 예를 들어 한밤중에 남편에게 "날 버리지 말아요!"라며 날카로운 비명을 지르는 히스테리 환자에 대해 프로이트는 아버지에 대한 성적 고착이 왜곡되어 나타났다고 보았지만 아들러는 그 환자가 스스로 소란을 피워 주위의 행동을 지배하려는 의지의 표현으로 보았다.

프로이트와 아들러의 심각한 대립 사이에서 애태우면서도 융은 어느 한쪽만 옳은 것이 아니라고 생각했다. 히스테리의 서로 다른 측면을 본 것이기 때문에 두 사람의 견해가 양립할 수 있다는 것이다.

융은 프로이트의 리비도 중시가 내적 욕망을 중시하는 것처럼 보이지만 이 환자의 경우 아버지, 남편과의 관계를 지향하는 것으로 보았다. 한편, 아들러의 지배력 중시는 타인을 끌어들이는 것처럼 보이지만 이 환자의 경우는 자신의 권력지향을 나타낸다고 해석했다. 융은 더 깊이 파고들었다.

타인, 대상, 관계를 중시하는 프로이트와 주체, 내면의 동기를 중시하는 아들러의 차이는 둘의 인간성 차이를 보여준다고 생각했다.

융은 인간은 두 가지 유형이 있다고 생각했다. 즉 인간관계 등 외면에 관심이 있는 사람과 자신의 주체 등 내면에 관심이 있는 사람으로 구분했다. 에너지가 외면으로 향하는 외향형과 에너지가 내면으로 향하는 내향형. 이 두 가지 인간의 원형을 두 선배 학자에게서 발견했다.

| 내향과 외향 이분법

1913년 1월, 융은 사제 관계이자 공동 연구자이며 전우처럼 일체화된 관계였던 프로이트와의 관계를 끝맺는 편지를 썼다. 그 후 학문적 침체기가 이어졌는데 그 초반이던 1913년 9월, 《심리 유형》의 원형이 된 강연 '심리적 유형에 대한 문제'가 열렸다.

융은 프로이트와 함께 참석했던 클라크대 컨퍼런스에서 윌리엄 제임스를 처음 만났다. 그의 학설에 영향을 받아 1913년 강연에서 윌리엄의 이론을 소개했다. 윌리엄 제임스의 주장에 의하면 철학의 역사는 합리론과 경험론이 대립해서 이루어진다. 그는 이런 대립이 철학자 자신의 성질을 반영하며 유연한 마음과 굳은 마음의 대립이라고 주장했다.

합리론적 철학을 전개하는 사람은 '주지주의적, 관념론적, 낙관적, 종교적, 비결정론적, 일원론적, 독단적'이며 '유연한 마음'의 소유자다. 경험론적 철학을 전개하는 사람은 '환원적, 감각적, 유물론적, 비관적, 비종교적, 결정론적, 다원론적, 회의적'이며 '굳은 마음'의 소유자다. 제임스가 주장하고 싶은 것은 이론 자체가 아니라 사람이 주장하는 이론에 당사자의 인품이 나타난다는 점이었다.

융은 내향과 외향의 이분법에 더해 네 가지 심리적 기능이 중요하다고 주장했다. 바로 감각, 사고, 감정, 직관이다. 감각은 어떤 일이 존재하는 것을 짚어내고 사고는 그것이 무엇인지 알려준다. 감정은 현시점에서 어떤 가치가 있는지를, 직관은 그 미래를 알려준다. 융의 주장에 따르면 사고와 감정은 대립하므로 공존할 수 없고 감각과 직관도 그렇다. 그러므로 직관이 뛰어나다는 말은 감각이 뒤떨어진다는 의미나 다름없다.

내향과 외향이라는 두 가지 기본적인 유형에 네 가지 심리적 기능을 곱하면 여덟 가지가 된다. 유형론은 개인을 특

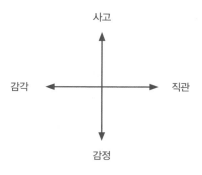

융이 말하는 심리적 기능 구조

정 유형으로 단정 짓는 것이 아니라, 뒤떨어진 기능을 풍부
하게 만들어 자기실현을 돕는다는 의미가 있다. 또한, 유형
론의 심리적 기능은 의식을 대상으로 하며, 정신분석에 특징
적인 무의식적 과정을 다루지 않는다(융은 무의식에도 형태가
있다는 것을 발견해 원형^{Archtype}이라고 이름 붙였다).

| 단순한 것이 복잡성을 끌어낸다

초기의 융을 유명하게 만든 것은 연상실험, 단어 연상 검
사다. 피실험자에게 단어 100개를 제시해 연상되는 말을 답
하게 하는 방법이다. 검사는 2회 반복한다. 제시어에는 머리,

녹색, 물, 노래하다, 죽음, 길다 등의 단어가 포함되어 있다.

만약 산이라는 단어를 듣고서 강이라고 답했다거나, 개라는 단어를 듣고 고양이라고 바로 답했다면 산이나 개에 대해 아무 생각 없다는 뜻이다. 그런데 개라고 답했을 때 잠시 시간을 두고 '순종'이라고 한다면? 혹은 '순종'이라고 대답하고는 그다음에 잊어버린다면? 개와 관련된 어떤 특별한 사건이 있었음을 유추할 수 있다.

이 원리를 이용해 범인을 찾는 데 적용한 것이 바로 거짓말 탐지기다. 어느 방에서 지갑을 도둑맞았다고 가정하자. 그 방은 입구, 창문, 천장, 바닥을 통해 들어갈 수 있다. 이제 용의자들에게 범인의 침입 경로를 들려준다. '범인은 창문으로 침입했습니다', '범인은 천장으로 침입했습니다'라는 문장을 들었을 때 진범 외에는 감이 오지 않을 것이다. 진범이 정말 창문으로 침입했다면? 그 문장을 들을 때 특정 반응이 일어날 것이다(물론 실제 허위 검출은 이렇게 단순하지 않다). 융의 단어 연상 검사는 단순하지만 단순하기 때문에 복잡한 것을 들춰낼 수 있다.

그 밖에도 융은 연금술에 관심이 있었다. 다만 연금술사가 물질적인 금을 바라고 만드는 사람이라 여기지는 않았고 금을 합성하는 과정에서 진짜 자아를 연성한다고 생각했다.

노후에는 자신의 이론 해설서《인간과 상징^{Der Mensch und}

seine Symbole》을 출간했다. 프로이트와 결별한 이유가 상징의

해석을 둘러싼 이론적 대립 때문이었다고 보았을 때, 융은

결국 프로이트에게서 벗어나 자신의 주장을 하나의 체계로

굳건히 이루어냈다고 할 수 있다.

13.
심리학이 말하는 '좋은 교육'이란

BOOK 《**교육심리학 강의** Education Psychology》, 레프 비고츠키 Lev
Semenovich Vygotsky(원저 1926)

구소련 심리학의 대표적 발달 이론을 구축한 심리학자 레프 비고츠키의 《교육심리학 강의》는 '교육 과정의 과학적 이해'에 기반한 교사 보조용 책이다.

비고츠키는 사회적 상호작용을 통해 타인을 모방하고 내면화하면서 고차원의 정신 능력을 향상시키는 과정을 발달로 보았다. 생물학적인 토대에 사회적 환경이 적절히 어우러질 때 아이의 심리적 반응을 끌어낼 수 있다는 것이다. 따라서 학습 효과를 증대할 수 있는 환경을 갖추는 것이 중요하며, 아이가 능동적으로 교육에 참여할 수 있도록 교사가 지도해야 한다고 역설했다.

레프 비고츠키는 발달심리학 분야를 시작으로 1924년부터 1934년까지 약 10년 동안 폭넓은 실험적·이론적 연구 성과를 거두었다. 그의 저서는 1953년 스탈린Iosif Vissarionovich Stalin이 사망할 때까지 출판이 금지되었지만 러시아 심리학에 큰 영향을 미쳤다. 비고츠키는 마르크스 이론의 영향을 받아 정신활동의 사회문화적 측면에 주목했으며 인지발달론을 중심으로 업적을 남겼다.

1950년대 비고츠키가 남긴 180여 편의 저술 중 일부를 브루너와 같은 학자가 전파했다. 이때 비고츠키의 획기적인 아이디어는 주목받기 시작했지만 수많은 오역과 의도적 왜곡, 불성실한 학문적 풍토 등으로 인해 여전히 그의 사상 대부분이 풀리지 않은 영역으로 남아 있다. 오늘날의 문제를 날카롭게 파헤치고 나아갈 방향을 제시하는 비고츠키의 논의는 조금씩 발굴될 때마다 새롭게 조명되곤 한다.

| 인간에게만 있는 고유한 기능

레프 비고츠키는 심리학의 모차르트라 불린다. 재기가
넘쳤지만 요절했다는 두 요소를 완벽히 겸비하여 '모차르트'
라는 칭호를 얻기에 부족함이 없다.

1896년 러시아혁명 이전 벨라루스에서 태어난 레프 비
고츠키는 혁명시대를 살며 활발한 연구활동에 임했지만
1934년 폐결핵으로 세상을 떠났다.

그는 게슈탈트 심리학자 볼프강 쾰러Wolfgang Köhler의 침팬
지 통찰 연구에서 힌트를 얻어 기호심리학을 구상했다. 쾰러
의 연구에 의하면 천장의 바나나를 손에 넣기 위해 상자를
쌓아 올리는 침팬지는 나름의 예측과 통찰력으로 목적을 달
성한다. 이 통찰학습은 목적 달성을 위해 사물을 '뭔가로 가
정해' 활용해야 하는데 상자(원래는 운반용)를 발판으로 사용
하는 것은 사물을 기호화해 이해하고 사용하는 것과 같다.

비고츠키는 1929년 중앙아시아 지역에서 현지조사를 실
시해 '소수민족의 아동학에 관한 과학적 연구활동 계획 문
제'를 발표했다. 1931~1932년에는 동료 심리학자 루리야
와 함께 우즈베키스탄과 키르기스스탄에서 인지 발달의 역

사성과 인지 활동의 구조 변화를 연구하기도 했다.

비고츠키는 고차심리 기능 연구를 통해 인격 전체의 발달을 생각했다. 여기서 말하는 고차심리 기능이란 인간만의 고유한 기능으로 일반적으로 자발적 주의, 기억, 의지, 사고를 뜻한다. 그는 "인간의 고차심리 기능은 말로 매개된다"라고 선언했다. 즉 '언어적 사고'가 고차심리 기능의 핵심이라고 주장했다. 더불어 그는 결함학Defectology(발달장애에 관한 학문)에 관심을 보여서 발달장애 아동의 고유한 발달에도 주목했다.

| 교육과 심리학의 관계

《교육심리학 강의》는 교육을 실천할 때 일어나는 문제를 심리학적으로 해결하거나 판단하여 현장 교사들을 지도하는 것이 목적이었다. 이때 비고츠키가 대상으로 삼은 현장의 교사들은 소련연방이 성립된 직후의 교사들이었다. 그들은 제국시대와는 다른 교육을 목표로 했다.

교육(학)과 심리학은 어떤 관계일까? 심리학이 성립하기 이전에도 사람들은 교육을 실천했다. 그러다 근대국가가 등장한 이후 국민 전체를 교육한다는 목적 아래 다수를 상대로 하는 획일화된 교육이 실시되었고, 비슷한 시기에 발전한 심리학은 교육을 '교수와 학습자 사이의 상호 과정'으로 파악할 것을 주장했다.

가르치는 사람과 배우는 사람 양쪽은 모두 저마다의 심리 구조를 가진다. 또한 양측이 상호작용할 때도 특유의 심리 구조가 형성된다. 하지만 (실험)심리학이 축적해온 지식과 기술을 교육에 적용하는 것만으로는 교육심리학이 성립할 수 없다. 교육심리학은 고유의 독자적인 발전이 필요한 영역이라는 것이 비고츠키 사상의 기본이다.

《교육심리학 강의》의 1장 '교육학과 심리학'에서 비고츠키는 교육학과 심리학의 관계를 제시했다.

교육심리학은 교육 수단을 제시하는 것으로 결코 목적 자체를 추구하지 않는다고 그는 말한다. 또한 생물학적인 토대에 사회적 환경이 적절히 어우러질 때 아이의 심리적 반응을 끌어낼 수 있다고 보았다. 따라서 학습 효과를 증대할 수 있는 환경을 갖추는 것이 중요하며, 아이가 능동적으로 교육에 참여할 수 있도록 교사가 지도해야 한다고 역설했다.

비고츠키는 본능, 훈련, 사고 세 가지 반응 형태를 가정했다. 여기서 훈련이란, 파블로프를 기원으로 하는 조건반사설에 따라 조건화 반응을 형성하는 것이라는 입장을 취했다. 이는 당시의 심리학이 지닌 한계일지도 모른다. 현대의 관점에서는 파블로프의 조건반사에서 유래된 반응 조건화와 스키너의 자발적 조건화를 모두 포함하는 것을 기본으로 한다.

처벌과 보수를 비고츠키는 어떻게 생각했을까? '처벌은 노예를 키운다'라는 표현을 채용해 처벌의 교육적 효과를 날카롭게 비판했다. 또한 보수(보상)는 주는 방법에 따라 아이의 목적이 '학습'에서 '보상받기'로 변질될 가능성이 있다고 지적한 것도 흥미롭다. 실제로 교육심리학에서는 교사와 부모가 아이에게 보상을 주면 공부하고, 보상이 없으면 공부하지 않는 현상을 중요하게 다루는데 비고츠키는 이를 일찍이 깨달았다고 할 수 있다.

| 발달심리학자 장 피아제

비고츠키와 공교롭게도 같은 해에 태어난 유명한 발달심리학자가 있는데 바로 장 피아제다. 인지발달 연구의 선구자로 꼽히는 피아제는, 아이의 정신은 일련의 정해진 단계를 통해 성장한다는 '발생론적 인식론'을 처음 주창했다. 피아제는 아이들을 끊임없이 환경을 탐색하는 능동적인 존재로 가정했으며 아이들의 활동 동기는 외부에서 오는 것이 아니라 원래부터 가지고 있는 고유의 생물학적인 것이라고 생각했다. 그에 비해 비고츠키는 사회적 관점을 취했으며 타인과의 상호작용의 중요성을 강조했다.

언어발달에 대해서도 피아제는 내적 언어에서 외적 언어로 발달한다고 생각한 반면, 비고츠키는 외적 언어에서 내적 언어로 발달한다고 여겼다.

피아제의 인생에서 가장 중요한 사건은 결혼과 그 결과로 얻은 세 아이의 탄생일 것이다. 1925년 장녀, 1927년 차녀, 1931년 장남이 태어났고 피아제는 세 아이의 발달을 가까이서 관찰할 수 있었다. 피아제는 임상법을 이용해 자녀들이 모국어를 습득하고 모국어로 생각하는 과정을 상세히 연구했다.

피아제에 따르면 인간은 다른 여러 생물들과 마찬가지로, 환경의 요구에 적절히 적응하고 외부 자극에 더 안전하게 반응하려는 특유의 적응 구조를 가지고 있다. 피아제는 이를 '셰마Schema'라고 정의했으며 유아기의 원시적인 셰마가 점차 복잡하게 발달되면서 지적인 발달로 연결된다고 설명했다.

이런 인지 발달의 순서에 따라 언어 발달이 이루어지는데, 먼저 내적 언어에서 시작해 음성을 사용한 타인과의 의사소통(외적 언어)으로 이행한다고 생각했다. 피아제의 이론은 아마도 현재 우리의 상식과도 일치할 것이다.

한편 비고츠키는 언어가 사고를 매개한다고 생각했으며 언어를 사용한 타인과의 의사소통이 사고를 만들어낸다고 간주했다. 이에 따라 언어 발달은 외적 언어에서 내적 언어로 이행한다고 보았다.

윌리엄 제임스나 칼 융이 이 둘의 대립을 논평했다면 어땠을까? 아마도 누가 옳은지를 가리는 대신에 인간에게는 '생각한 후에 말하는 사람'과 '생각하면서 말하는 사람'의 유형이 있다는 유형론을 떠올렸을지도 모른다.

개인적인 사견을 덧붙이자면, 제1언어를 습득할 때는 피아제의 이론이, 제2언어를 습득하는 과정에는 비고츠키의 이론이 더 자연스럽게 적용되지 않을까 싶다. 실제로 '내적 언어 → 외적 언어'라는 피아제의 생각은 싹이 트고 꽃망울이 부풀어 꽃이 피는 것과 같은 과정을 시사하며, 싹이 틀 토양이 필요하다는 것을 의미한다. 언어적 자극이라는 영양분을 공급받지 않은 아이는 언어를 구사할 수가 없다. 때문에 모국어 발달을 놓고 본다면 피아제의 이론이 더 효과적으로 보인다.

　반면에 오늘날 중요한 과제가 된 제2언어 습득이라는 측면에서는 타인과의 의사소통부터 시작하는 방법도 결코 무시할 수 없다. 그러므로 때와 상황에 따라 피아제와 비고츠키의 이론을 구분해 적용하는 융통성이 필요할 것으로 보인다.

| 자기 힘으로 더 많은 일을 할 수 있도록

　《교육심리학 강의》는 비고츠키의 가장 초기 저서에 해당한다. 따라서 이후에 발전된 여러 개념들이 아직 뚜렷하게 자리잡지 않았다는 단점이 있지만, 그 사상의 기본적인 구상을 이 책에서 분명히 확인할 수 있다. 비고츠키의 생각을 알아내기에 가장 적합한 책이라는 의견도 있을 정도다.

　비고츠키는 아이가 도움을 받아 해내는 일에도 주목해야 한다고 주장한다. 물론 지능검사를 받을 때 부모가 동석해 힌트를 주는 행위는 금지되어 있지만, 아이가 도움을 받아서 어떤 일을 할 수 있는가를 보면 다음에 자신의 힘으로 할 수 있는 일을 예견할 수 있다는 이야기다. 따라서 교육이란 개인에게 긍정적인 도움을 주면서 계속 자기 힘으로 할 수 있는 일을 확대해나가는 것이라고 표현했다.

비고츠키의 발언은 인터넷 시대의 학습 방법을 생각할 때 흥미롭다. 인터넷 정보를 아무리 금지해도 학생들이 못 보게 차단할 수는 없다. 오히려 좋은 '발판'으로 이용할 수 있도록 유도해야 한다. 도움을 받아 해내는 것을 금지하기보다 혼자서 하지 못하는 일을 소통을 통해 직접 할 수 있도록 만들고, 어려운 과제는 타인과 대화로 해결하게끔 유도하는 일이야말로 오늘날 네트워크 사회에서 중요한 기술이자 능력이 아닐까.

비고츠키의 사상은 21세기에 더 유용하며, 갈수록 더 가치를 발한다.

14.
'치료해야 할 환자'가 아니라
'상담이 필요한 의뢰인'

BOOK 《**카운슬링의 이론과 실제**^{Counseling and Psychotherapy}》, 칼

로저스^{Carl Ransom Rogers}(원저 1942)

《카운슬링의 이론과 실제》는 심리치료와 상담의 창조적
인 융합 방법을 제시한 칼 로저스의 초기 대표작이다.

실제 면담 사례가 수록되어 있어서 효과적인 심리치료의
구성을 보여주며 일관된 가설을 제시한다. 이 책에서 로저스
는 내담자에 대한 상담자의 무조건적이고 긍정적인 관심, 일
관적인 공감과 이해를 중시했다.

인본주의 심리학을 바탕으로 인간 중심 상담을 창시한 칼 로저스는 전 세계적으로 가장 널리 영향을 미친 상담가이자 연구자이며 교육자이기도 하다. 오하이오주립대, 시카고대, 위스콘신대에서 교수로 재직하며 왕성한 연구 활동과 직접 상담을 병행했다. 특히 시카고대 재직 중 설립한 학생 가디언스센터는 현재 시카고 상담 및 심리치료센터로 명맥을 유지해 사람 중심 상담의 전통을 이어가고 있다.

그는 정신의학적으로 큰 문제가 없는 사람들도 타인과의 만남을 통해 성장하도록 돕는 그룹 워크숍 프로그램을 개발했고 이때 만든 인카운터 그룹(참만남 집단)으로 유명해졌다. 모든 사람을 아우르고 이해하고자 하는 이런 가치관을 담아 자신의 접근법을 '인간 중심 치료Person-centered therapy'라고 이름 붙였다. 말년에 그는 인종 간, 집단 간, 국가 간 분쟁 및 갈등에도 깊은 관심을 가지고 활동해 노벨평화상 후보에 오르기도 했다.

| 칼 로저스가 여자로 태어났다면

다음은 유명한 심리학자들의 특징을 빗댄 우스갯소리다. 이 이야기를 읽고서 웃을 수 있는 사람은 어디 가서 심리학을 좀 안다고 자랑해도 좋다.

만약 프로이트가 여자로 태어나서 결혼했다면?

남편: "다녀왔어요."

아내: "식사 다 됐어요."

남편: "잘 먹겠습니다."

아내: "여보, 당근을 왜 남겨요? 알겠다. 어릴 때 당근 때문에 시달렸구나. 이건 무의식의 억압이에요."

남편: "뭐라고?"

만약 존 왓슨이 여자로 태어나서 결혼했다면?

남편: "다녀왔어요."

아내: "늦었으니까 얼른 씻고 누워요."

남편: "오자마자?"

아내: "애를 열둘은 낳아야 하잖아요! 아기가 환경에 따라 무

엇이든 될 수 있다는 것을 증명해야죠."
남편: "뭐라고!"

만약 칼 로저스가 여자로 태어나서 결혼했다면?
남편: "다녀왔어."
아내: "자기야. 지금 다녀왔다고 얘기하고 싶은 거구나."
남편: "응?"

웃자고 하는 이야기지만, 칼 로저스의 특징인 무조건 수
용하는 태도를 엿볼 수 있다.

| 수천 명의 문제아를 만나다

로저스만큼 급진적^{Radical}인 심리학자도 없을 것이다.
1942년 발행된 《카운슬링의 이론과 실제》는 임상심리학에
혁신적 변화를 강력히 요구한 책이었다. 심리학사에서 그 의
미를 제대로 이해했는지 끊임없이 질문해야 할 것이다. 그럼
어떤 점이 그처럼 혁신적이고 과감했을까?
그는 항상 투쟁을 멈추지 않았다. 먼저 그의 인생을 간단

히 되돌아보자.

1902년생인 로저스는 미국 위스콘신대 농학부에 입학해 YMCA 농학생 그룹에 참가했다. 1922년 중국 베이징에서 열린 국제기독교학생회의에 참가해 중국, 한국, 일본, 홍콩, 필리핀 등을 방문했다. 귀국 후 몸 상태가 나빠져서 심리학 통신강좌를 수강했는데 윌리엄 제임스의 교재를 사용한 이 강좌가 지루했다고 한다. 그는 신학교에 진학하여 사제가 되고자 했으나 결국 컬럼비아대학에서 심리학을 전공하게 된다. 1931년 〈9~13세 아동의 인격 적응 측정〉이라는 제목의 논문으로 박사 학위를 받았다.

박사 논문을 집필할 때부터 로저스는 아동상담소 심리학자로 수천 명의 아이에게 면접과 심리검사를 실시했다. 당시는 심리학이 한창 힘을 얻던 시기였다. 비네의 지능검사가 실용적으로 정비되었고, 프로이트의 정신분석이 미국 강연 이후 널리 수용되기 시작했으며, 존 왓슨이 행동주의 선언을 한 직후이기도 했다. 사회적으로 심리학자의 역할에 대해 고민이 깊어지던 때였다. 로저스는 소위 '문제아'라 불리는 아이들 수천 명을 10년 가까이 만나면서 '무엇이 아이들에게 도움이 될까.' 하는 관점에서 다양한 시도를 했다.

최종적으로 로저스는 상담사가 강압적으로 뭔가를 지시

해도 그 효과는 일시적이라는 사실을 깨달았다. 언젠가 한 아이의 엄마가 로저스에게 이렇게 물은 적이 있었다.

"어른을 위한 상담은 하지 않나요?"

이 질문을 계기로, 아이의 문제를 파악하려면 부모와의 관계도 중요하다는 것을 이해하게 되었다고 한다. 그는 자신의 경험을 토대로 1939년에 첫 저서《문제아의 임상적 치료 The Clinical Treatment of the Problem Child》를 발표했고 오하이오주립대학교 교수로 초빙되었다.

| 어디까지나 보조하는 상담

당시에 주류를 이루던 상담이란 '지시와 설득'에 근거해 눈앞의 문제 해결을 지향하는 것이었다. 로저스는 이런 상담의 형태에 불만을 가졌다. 그보다 개인이 성장하는 것을 돕고 장래에 더 성숙해져서 통합된 해결을 할 수 있도록 힘을 키워주는 것이 상담에서 중요하다는 사실을 표명했다.

1940년 10월 로저스는 강연할 기회가 생겼다. 그는 이 강연을 매우 중요하게 생각했다. 이날을 '내담자 중심 치료 Client-centered therapy'의 탄생일로 부를 정도였다. 실제로 이 강연을 토대로 《카운슬링의 이론과 실제》가 출간되었다. 그가 제안한 내담자 중심 치료란, 상담 과정에서 상담자의 분석이나 해석과 같은 지시적인 요소를 배제하고 무조건적인 수용과 공감적 이해를 바탕으로 내담자가 스스로 긍정적인 변화를 끌어내도록 돕는 상담 기법을 뜻한다.

이 책은 내담자^{Client}라는 단어가 처음 쓰인 것으로도 유명하다. 당시에 흔히 환자^{Patient}라고 부르던 데서 내담자라는 명칭으로 바꿔 불러야 한다고 그는 주장했다. 환자라는 단어는 그 사람이 병을 앓고 있으며 심리 전문가가 그 병을 치료할 수 있다는 것을 암시한다. 하지만 문제아에 대처할 때는 그런 '원인 규명→치료'의 모델이 적용되지 않는다는 점을 로저스는 명확히 했다. 그가 사용한 '내담자'라는 단어는, 관계 치료를 처음 주장했던 정신분석가 오토 랭크^{Otto Rank}의 영향을 받았다고 한다.

《카운슬링의 이론과 실제》의 가장 큰 특징은 상담 장면을 그대로 글로 옮겨 수록했다는 점이다. 예를 들어 브라이언(가명)과 나눈 총 8회의 상담이 상세히 기록되어 있는데. 매 회차마다 전체적인 설명뿐 아니라 상담사와 내담자 각각의 발언에 대한 구체적인 코멘트가 달려 있다. 브라이언이 스스로를 어떻게 파악하는지도 기록했는데, 특히 마지막 8회차의 내용을 보면 이 내담자가 파악하는 스스로의 상태가 초기와 얼마나 달라졌는지 그 차이를 실감할 수 있다.

| 인간 중심 치료에 다다르다

칼 로저스는 처음 '지시적 상담'에 대응해 '비지시적 상담'이라고 이름 지었는데 지시적이지 않은 상담으로는 충분치 않다고 여겼는지 자신의 가치와 이론을 정립하면서 '내담자 중심 상담'으로 이름을 바꾸었다.

1945년 그는 시카고대에 초빙되어 상담센터를 주재했다. 1951년에는 《내담자 중심 치료Client-Centered Therapy》를 출간해 상담에서 내담자가 어떻게 변화하는 것이 중요한지, 상담자는 무엇을 제공해야 하는지로 관심을 옮겼다. 1967년에는 《퍼스널리티의 변화The Therapeutic Relationship And It's Impact》를 발표해 내담자의 퍼스널리티 변화가 상담 목적이라는 점을 분명히 했다.

그보다 앞선 1957년 위스콘신대로 이적했고 이어서 1962년에는 스탠퍼드대 객원연구원이 되어 에릭 에릭슨과 지인들을 얻었다. 1964년에는 캘리포니아 서부 행동과학연

구소로 옮겼다. 여기서 그는 심리적 문제가 있거나 정신의
학적 증상에 시달리지 않는 사람들도 타인과의 만남을 통해
성장하도록 돕는 그룹 워크숍 프로그램을 개발했고 이때 만
든 인카운터 그룹Encounter group(참만남 집단)으로 유명해지게
된다. 상담실 밖의 모든 사람을 아우르고 이해하고자 하는
이런 가치관을 담아 자신의 접근법을 '인간 중심 치료Person-
Centered Therapy'라고 다시 한번 이름을 바꾼다.

인카운터 그룹은 개인의 성장을 다루는 데 그치지 않고
현실 속 분쟁을 해결하는 수단이 되기도 했다. 북아일랜드
분쟁이 심화되었던 1972년에는 북아일랜드에 거주하는 다
양한 종파, 계층, 분야의 사람들을 대상으로 인카운터 그룹
을 실시했다. 여기서 참가자들은 상대방을 고정관념에 따라
이해하는 것이 문제의 근간임을 깨닫는 자리를 마련했다.

로저스는 1987년 2월 사망했다. 이 해의 노벨평화상 수
상자는 테레사 수녀였다. 또 다른 유력한 후보는 인간의 존
엄과 내적, 본질적 모습을 중시하는 인물이었다고 한다. 그
인물이 로저스였다고 단정할 수는 없지만(노벨상 수상자 선정
과정은 50년 동안 비밀 유지 의무가 있다), 많은 이들이 칼 로저
스라고 추측하고 있다.

15.
인간의 아이덴티티는
어떻게 만들어지는가?

BOOK 《**정체성과 생활주기**Identity and the Life Cycle》, 에릭 에릭슨

Erik H. Erikson(원저 1959)

　《정체성과 생활주기》는 미국 심리학자 에릭 에릭슨의 사상에 토대가 된 3종의 논문으로 구성한 책이다. 그때까지 심리학에서 말하는 '심리'는 인지적 측면을 나타내는 것이 일반적이었으나 에릭슨은 이 책에서 전 생애에 걸친 발달을 폭넓게 시야에 담아냈다. 책에서 그는 인간의 발달 단계를 8단계로 분류했다. 여기서 각 단계는 단절된 것이 아니라 연속

적이고 축적된 것으로써 불안과 갈등을 겪으면서 성장한다고 파악했다.

에릭슨은 문화가 인간의 발달에 미치는 영향을 신중히 고찰한 선구자 중 한 명이다. 종으로서 인간은 한 가지 종으로만 존재하지만, 인간성의 다양한 응용을 만들어내는 것이 곧 문화의 기능이라고 역설했다. 에릭슨은 인간의 심리적, 사회적 발달도 환경과의 상호작용을 거쳐 발생하며, 개인이 각 발달 단계에서 겪는 문제를 문화가 뒷받침하여 조율한다고 보았다.

에릭슨은 아이덴티티 개념을 내세워 심리학뿐만 아니라 인문사회과학에도 큰 영향을 미쳤다. 아동 발달 연구를 시작으로 점점 정신분석 이론을 자기만의 방식으로 주창해 독보적인 심리 발달 이론을 수립했다. 그의 정체성 개념은, 프로이트 이후의 정신분석학적 자아심리학을 비약적으로 발전시켰다는 평가를 받는다.

에릭슨은 하버드대학교 교수직에서 은퇴한 후 샌프란시스코 마운트지온병원Mount Zion Hospital에서 고문으로 재직했다.

| 에릭 에릭슨의 독특한 성장 과정

언젠가 신문에서 '빛나지 않는 반딧불이'에 관한 기사를 본 적이 있다. 연구팀은 빛나지 않는 반딧불이를 탄생시키는 데 성공한 후 '반딧불이가 발광이라는 아이덴티티(정체성)를 빼앗기면 어떻게 변할까'라는 주제로 반딧불이의 생활 리듬과 뇌파 등을 관찰했다.

그 결과 '발광하지 않는 반딧불이는 발광하는 일반 반딧불이보다 자기 평가가 낮고 은둔형 외톨이가 될 가능성이 크다'는 결론을 얻었다. 그렇다면 반딧불이의 발광은 아이덴티티일까? 그 전에 '아이덴티티란 무엇일까?'라는 질문을 먼저 던져보자. 심리학의 정의에 따르면 아이덴티티란 곧 자기 동일성이며, 시공을 초월해 존재하는 인물이 동일인으로 연속하는 감각을 나타내는 개념이다.

에릭 에릭슨은 아이덴티티 개념을 내세워 심리학뿐만 아니라 인문사회과학에도 큰 영향을 미친 인물이다. 에릭의 삶을 살펴보면, 그의 인생과 학문이 서로 미묘한 관계를 넘나들었음을 알게 된다. 무엇보다 에릭은 성장기에 아버지가 누구인지 몰랐다. 어머니가 아들에게 생물학적 아버지를 알려주지 않았기 때문이다.

에릭슨의 어머니는 덴마크 코펜하겐의 유대인 집안에서 자랐는데, 덴마크 남자와 사귀던 중 아이를 가지게 되었다. 남자가 떠나버리자 독일 프랑크푸르트로 건너가서 1902년 홀로 아들을 출산했다. 에릭슨은 얼굴도 모르는 아버지에게서 살로몬센Salomonsen이라는 성을 물려받았다. 이후 어머니는 유대인 소아과 의사 테오도르 홈부르거Theodor Homburger와 결혼했고 아들의 이름은 에릭 홈부르거가 되었다.

유대인 학교에 다니던 어린 시절, 친구들은 일반적인 유대인과 달리 금발에 푸른 눈을 한 에릭슨을 놀리곤 했다. 에릭슨은 30대 중반에 미국으로 귀화하고서 비로소 자신의 성을 '에릭슨'이라고 직접 지었다(계부에 대한 존중의 의미로 중간이름은 Homburger로 표기했다). 흥미롭게도 'Erikson'은 Erik과 son을 합성한 단어다. 해석하자면 '에릭의 아들', 다시 말해 자기 자신의 아들이라는 의미가 된다. 에릭슨이 자신의 정체성에 대해 얼마나 많이 고민했는지 유추할 수 있는 대목이다. 이로써 본인뿐 아니라 자녀 셋을 포함한 온 가족이 '에릭의 아들'이라는 성을 얻게 되었다.

| 아동과 히틀러를 한 책에 담은 《유년기와 사회》

에릭슨은 오스트리아 빈에서 정신분석을 접했다. 피터 블로스^{Peter Blos}라는 그의 친구가 빈에 학교를 세우기 위해서 에릭을 불렀고 교사로 채용했다(피터 블로스는 훗날 청년기의 정신분석으로 유명해진 인물이다). 그때까지 에릭은 예술가가 목표였는데 나중에 그를 유명하게 만든 말을 사용하면 모라토리엄^{Moratorium} 상태였다고 할 수 있다(원래 모라토리엄은 대외적인 채무 지불을 유예하는 것을 뜻한다. 에릭슨은 이 단어를 사회심리학적 용어로 차용하면서, 한 사람이 사회적 책임과 의무를 유예한 상태라는 의미로 사용했다-옮긴이).

블로스에게 학교 설립을 의뢰한 사람은 프로이트의 딸 안나 프로이트^{Anna Freud}였다. 빈에 도착한 에릭은 교사 생활을 하면서 안나의 소개로 프로이트가 주관하던 수요심리학회에 참석했고 국제정신분석학회 정회원으로도 임명되었다. 대학을 졸업하지도 않았고 의사도 아니었던 그가 재능을 인정받아 전 세계 어디서나 정신분석가로 활동할 자격을 얻은 것이다.

그 후 나치의 눈을 피해 미국으로 이주한 에릭은 유럽에 비판적이던 에리히 프롬 등의 망명 정신분석가와 마찬가지로 루스벨트^{Franklin Roosevelt} 대통령의 뉴딜 시대 미국을 지지했다. 에릭은 국제정신분석학회 정회원이자 아동 분석 전문가였기 때문에 보스턴에서 무사히 자리를 잡았고 안정적인 소득도 올릴 수 있었다.

에릭슨은 당시 보스턴에서 활약하던 정신과 의사이자 범죄학자 힐리^{W. Healy} 밑에서 일할 기회를 얻었다. 힐리는 청소년 비행에 대한 심리학적 해석을 대중화시킨 권위자였는데, 에릭슨은 힐리 등이 단념한 아이들을 구제해 실력을 인정받았다. 아마도 그의 타고난 자질에 안나 프로이트로부터 아동 분석 훈련을 받은 효과가 더해진 덕분이었을 것이다. 그때의 경험은 《유년기와 사회^{Childhood and Society}》(1950)로 결실을 맺었다. 이 책은 아동을 분석한 경험, 미국 원주민을 대상으로 한 현지조사 연구, 히틀러를 열광적으로 지지하는 독일 국민성 분석 등을 포함하는데 훗날 에릭슨을 유명하게 만든 '8단계 발달설'에 대한 설명도 이 책에서 확인할 수 있다.

이 책에서 에릭슨은 히틀러가 나치 독일을 이끌고 독일을 제3제국으로 변모시키는 과정을 분석했다. 히틀러의 저서 《나의 투쟁^{Mein Kampf}》을 해석하여, 독일 국민들은 왜 《나의 투쟁》에 담긴 내용이 진실인지를 따져보지 않고 무조건 히틀러의 뜻대로 움직이는가를 고찰했다. 히틀러는 스스로 '반항아'를 연기했고 국민은 그에게 동화되었다는 것이 에릭슨의 분석이었다. 히틀러가 '국민의 아버지'가 되었다는 평가가 지배적이었던 당시에 완전히 다른 해석을 내놓은 것이다. 또한, 이런 상황을 타개하기 위해 애정 넘치는 독일의 전통적 가정상을 제시하는 것이 해독제가 된다고 주장했다. 새로운 제국주의 세력에 대항하기 위해서는 고향(조국)이 중요하다는 의미였다. 이런 사고는 에리히 프롬의 《자유로부터의 도피》와도 일맥상통한다.

《유년기와 사회》는 최초의 미국인인 미국 원주민(수족과 유로크족)도 다룬다. 이 연구는 문화인류학자와의 협업으로 완성되었다. 여기서 에릭은 수족과 유로크족이 실현하는 것은 '탄력적인' 통합인 반면, 근대화된 미국인은 기계에 이끌려 전체성을 잃는다고 지적했다(근대인 비판의 골격은 찰리 채플린의 시각과도 같다).

| '후성설'이라는 획기적 생각

《유년기와 사회》를 집필하던 1940년대에 에릭슨은 캘리포니아대 아동복지연구소 연구원으로 재직했다. 당시 프로 젝트의 실질적 리더는 '발달 과업' 개념을 주창한 해비거스트Robert James Havighurst였다(해비거스트가 제시한 발달 과업이란, 개인이 환경에 적응하기 위해 인간 발달의 단계마다 반드시 성취해야 할 과업을 뜻한다-옮긴이). 여기서 에릭슨은 그때까지와 달리 건강한 아이들을 장기적으로 관찰하게 되었다.

이 시기 캘리포니아에서는 발달을 생애라는 시점으로 파악하는 학자들이 모여 서로 영향을 주고받았다. 현재의 우리는 인간이 태어나 늙어 죽을 때까지 전 생애에 걸쳐 발달한다는 개념을 자연스럽게 받아들인다. 또한 과거에는 중년기 이후를 인생의 '쇠퇴기'로 보았지만 지금은 중년 이후 인지적 능력은 떨어지더라도 다른 부분에서는 성장할 수 있다고 여긴다. 이런 개념들은 심리학 성립 이후 조금씩 '성장'한 생각이다.

발달심리학을 둘러싼 큰 흐름을 요약하면 다음과 같다.

영유아의 자연사(찰스 다윈, 1880년) → 아동 연구(스탠리 홀, 1900년) → 아동심리학(피아제, 1930년) → 발달심리학(에릭 에릭슨, 1950년) → 전 생애 발달심리학(폴 발테스, 1980년)

학설적인 측면에서 보면, 인간의 발달을 둘러싼 중요한 논쟁이 한때 학계를 달구었다. 유전적 요인과 환경적 요인 중 어느 것이 더 중요한가를 두고 다투었던 소위 '성씨냐, 성장이냐?' 하는 논쟁이다.

심리학에서는 1910년대 행동주의자 존 왓슨이 강력한 환경주의를 주장했다. 프로이트도 생후 부모와 자녀의 관계를 중시했기 때문에 굳이 말하면 환경 요인을 중시한 입장이었다. 아널드 게젤Arnold Lucius Gesell 같은 학자는 특정 행동을 할 수 있기까지는 어느 정도 신체적 준비가 되어야 한다는 성숙우위설을 주장하기도 했고, 유전과 환경 양자의 절충을 주장하는 학자들도 많았다.

프로이트의 영향을 받은 에릭슨은 생후의 다양한 요소가 발달에 영향을 미친다고 생각했다. 그의 생각을 보여주는 것이 후성설Epigenesis이다. 이 단어는 'Epi'와 'Genesis'로 이루어졌다. 에피는 에필로그Epilogue라고 할 때처럼 '나중에'라는 뜻이며, 제네시스는 '발생'이라는 뜻이다. 에릭슨에 따르면 인간의 발달 순서는 나름대로 정해져 있는데 개별적인 발달 양상은 탄생 후의 여러 외적 요인의 영향을 받는다. 개인은 각 발달 단계에서 바람직한 발달 과업과 그렇지 못한 과업 사이의 대립 과정을 조절하고 극복해나가게 된다. 그리고 이전 단계의 결과에 따라 다음 단계의 발달이 결정된다.

후성설 개념은 발생학에서 유래했다. 발생학의 관점에서 보면, 세포 분화와 개체 형성은 정해진 형태가 서서히 발굴되어가는 것이 아니라 하나의 세포가 분화하면서 유연하게 다양한 기관이 추가되어 최종적으로 개체가 되는 것이다. 에릭슨은 인간의 심리적, 사회적 발달도 환경과의 상호작용을 거쳐 발생하며, 개인이 각 발달 단계에서 겪는 문제를 문화가 뒷받침하여 조율한다고 보았다.

에릭은 문화가 발달에 미치는 영향을 신중히 고찰한 선구자 중 한 명이다. 종으로서의 인간은 한 가지 종류만 존재하는데 인간성의 다양한 응용을 만들어내는 것이 곧 문화의 기능이다. 에릭은 후성설 개념을 통해 출생 이후의 영향이 발달에 중요하다는 점을 성공적으로 보여주었다. 이는 얀 발지너의 생각과도 궤를 같이한다.

| 심리적, 사회적으로 발달하는 인간

《정체성과 생활주기》의 원제는 'Identity and the Life Cycle'이다. 여기서 Cycle은 '날짜 사이클'을 뜻한다. 달이 차고 이지러지는 '한 달'의 길이를 측정하면 똑같은 사이클이 매번 반복된다. 인생에서 경과하는 시간도 달의 이런 영휴와 같은 사이클의 반복이라는 것을 에릭은 암시하고 싶었을 것이다.

《정체성과 생활주기》는 1946년, 1950년, 1956년에 발표된 논문을 책으로 정리해 출간한 것이다. 첫 논문은 아동분석가로서 수많은 아이들을 만났을 때의 경험을 글로 풀어낸 것이다. 세 번째 논문은 1925년 노벨문학상을 수상한 조지 버나드 쇼George Bernard Shaw를 소재로 청년기에 초점을 맞추어 고찰했다.

두 번째 논문의 제목은 '건강한 퍼스널리티의 성장과 위기'로 인간의 일반적인 심리적, 사회적 발달에 관한 가설을 담고 있다. 그때까지 심리학에서 말하는 '심리'는 인지적 측면을 나타내는 것이 일반적이었다. 에릭슨은 그런 동향과 달리 전 생애에 걸친 발달을 폭넓게 시야에 담아내는 데 성공했다.

이 논문에서 에릭은 인생을 '8단계 발달'로 구분해 시기별 발달 과업을 제시했다. 모든 사람들은 유전적 기질을 바탕으로 사회적 환경과 상호작용하면서 여덟 개의 단계를 한 단계씩 거친다. 각 단계를 성공적으로 완수하면 정상적이고 건강한 개인으로 발달해나갈 수 있지만, 어느 단계에서 실패하면 그 단계와 관련한 정신적 결함을 갖고 살아가게 된다.

8단계 중 첫 단계는 생후 1년 사이에 경험하는 '신뢰 대 불신'의 시기다. 아기의 욕구가 일관되게 충족되고 안전하다는 경험을 지속적으로 하면 신뢰감을 형성하게 되고, 인생의 이후 시기에 맺게 되는 모든 관계에도 성공적으로 적응할 수 있게 된다.

가장 유명한 것은 청소년기인 5단계 '정체성 대 혼돈'의 시기일 것이다. 사회의 새로운 압력과 요구에 맞닥뜨리는 이 시기에는 이전 단계까지 회의 없이 받아들였던 자기 존재에 대해 새로운 탐색을 시작하게 된다. 내가 누구이며 어떤 역할을 할 수 있는지를 분명히 정립하면 건강한 정체성이 만들어지지만 그렇지 못할 경우 혼란에 빠진다.

21세기의 심리학은 마틴 셀리그만과 같이 인간의 정신에서 긍정적인 면을 강조했는데 에릭슨은 에이브러햄 매슬로와 함께 일찍부터 인간의 발달에 대해 낙관적인 주장을 펼친 심리학자였다.

16.
'단절의 윤리'에서
'포용하는 윤리'로

BOOK 《침묵에서 말하기로^{In a Different Voice}》, 캐럴 길리건^{Carol Gilligan}(원저 1982)

윤리학자이자 심리학자인 캐럴 길리건의 저서로 출간 직후 심리학계를 뒤흔든 명저로 꼽힌다. 이 책에서 길리건은 기존의 심리학과 도덕 이론이 오로지 남성의 목소리에 집중한 결과물임을 비판하며 새로운 인식의 필요성을 주장한다.

프로이트, 에릭슨, 로렌스 콜버그^{Lawrence Kohlberg}, 피아제 등 저명한 심리학자와 그 이론이 여성을 지속적으로 배제해

왔다는 사실을 지적하며 '배려 윤리'를 여성의 도덕 발달 기준으로 제시했다. 남성중심적인 '정의 윤리'에 맞서는 '타인에 대한 배려 윤리'의 가능성과 중요성을 주장했다.

길리건이 주장한 배려의 윤리라는 생각은 단순한 남녀 대립의 가치관을 뛰어넘어 도덕성과 윤리에 대한 새로운 의견으로 받아들여졌다. 길리건의 이론은 남성 중심적인 도덕성 이론에 대립적인 입장을 취한다는 점에서 페미니즘과 긴밀하다.

길리건은 1967년부터 하버드대 강단에 섰고 1992년부터 1994년까지 케임브리지대에서 교수로 재직, 1996년에는 가장 영향력 있는 미국인 중 한 명으로 〈타임〉지에 실렸다. 길리건이 일으킨 혁명은 수많은 연구와 교육, 정치적 논쟁에 영감을 주었으며 남성 위주의 심리학계를 근본부터 바꾸었다.

| 도덕심리학과 발달심리학

도덕은 심리학의 주제일까? 그 답은 물론 '맞다'이다. 그렇다면 도덕과 비슷한 개념인 윤리, 정의는 어떨까? 도덕, 윤리, 정의는 어떻게 다른가? 나는 정의는 판가름하는 것, 윤리는 계속 안고 가는 것이라고 즐겨 표현한다. 정의의 반대말은 '악'이라고 생각하는 사람이 많은데 그렇지 않다. 정의의 반대말은 '또 하나의 정의'다. 전쟁은 정의의 이름으로 이루어진다(파괴적 충동을 실현하기 위해 전쟁하는 국가는 없을 것이다). 아군이 적을 죽이는 것은 정의이며, 적이 아군을 죽이는 것은 악으로 간주한다. 물론 상대방 입장에서 이야기는 정반대이므로 결국 전쟁은 정의와 또 하나의 정의 사이의 싸움이다.

심리학은 '정의란 무엇인가'라는 가치의 문제로부터 항상 거리를 두었다. 도덕 자체를 논하지 않고 '도덕성'이라는 형태로 인간의 특성을 다루었다. 그리고 도덕성을 아이의 사회성 발달이라는 틀 안에서 파악하고자 했다.

심리학의 도덕성 연구에는 '딜레마 패러다임Dilemma para-digm'이라는 틀이 있다. 갈등을 일으키는 딜레마 상황을 제시한 다음 어떻게 판단하는지 보고서(정확히 말해 판단에 이르는 과정을 보고) 그 사람의 도덕성 수준을 평가하자는 것이다.

도덕성 발달 이론을 정립한 심리학자 로렌스 콜버그는 도덕성이 나이와 함께 발달한다는 6단계설을 주장했으며, 각 단계의 테스트 방법도 제시했다. 피아제가 문답법으로 아이들과 일일이 신중한 대화를 이어가며 인지발달 단계를 결정했듯이, 콜버그도 마찬가지 방식으로 도덕성 단계를 이해하려고 했다. 콜버그가 주장한 도덕성 단계를 크게 세 수준으로 요약하면 다음과 같다.

1. 전인습적 단계 : 훌륭한 사람(권위자)이 결정한 대로 따라야 한다는 이유로 행동한다.
2. 인습적 단계 : 남들의 기대에 따라야 한다는 이유로 행동한다.
3. 후인습적, 원리적 단계 : 자신이 주체적으로 생각해 행위하고 경우에 따라 법을 바꾼다는 판단도 내릴 수 있다.

| 하인츠의 딜레마에 어떻게 대답할까

콜버그는 '하인츠의 딜레마'라는 갈등 상황을 아이에게

제시하고, 이야기 속 하인츠의 행동에 찬성하느냐, 반대하느냐를 물은 뒤 그 이유를 근거로 도덕성 수준을 판단했다.

한 부부가 있었다. 아내가 암에 걸려 빈사 상태였다. 아내의 암은 마을 약국에서 발견한 2,000달러짜리 라듐을 사용하면 나을 가능성이 있었다. 남편 하인츠는 1,000달러를 준비해 약국으로 갔다. 할인을 해주거나 후불제로 판매해달라고 부탁했지만 거절당했다. 결국 하인츠는 아내를 위해 약을 훔쳤다. 하인츠의 이런 행위는 선인가, 악인가? 그 이유는?

여기서 선악이라는 결론은 중요하지 않다. 문제는 판단 과정이다. 똑같이 '나쁘다'라고 답했더라도 "약을 훔치면 경찰에게 붙잡히므로"라는 대답과 "경찰에게 잡히지 않고 끝까지 처벌을 피한다 하더라도 양심의 가책을 받으므로"라는 대답은 도덕성의 발달 단계와 수준이 다른 것으로 간주된다. 물론 전자의 답이 도덕성 수준이 더 낮은 것으로 평가된다.

제이크라는 소년은 이 갈등을 타인의 소유권 침해와 생명 존중 문제로 받아들였다. 그리고 생명 가치가 재산 가치에 우선한다는 논리에 따라 하인츠의 절도를 옳은 행위로 판단했다. 이런 판단은 '아내가 죽으면 슬프니까'라는 판단과 다르며 콜버그의 기준에 따르면 도덕성 수준이 고도로 높은 것으로 평가된다.

한편 에이미라는 소녀는 "도둑질은 좋지 않다. 뭔가 다른 방법이 있지 않을까? 대출을 받으면 어떨까?"라고 대답했다. 선악 구분을 보류한 답이었다. 하인츠가 약을 훔쳐서 아내가 낫더라도 남편이 붙잡히면 아내는 '나 때문에 남편이 도둑질하다가 붙잡혔다'라며 괴로워할지 모른다. 그렇게 되기보다 돈을 준비하는 방법을 고려해야 한다고 생각했고 선인가, 악인가라는 첫 질문에는 답을 정하지 않았다.

이런 대답은 콜버그의 기준에 의하면 도덕성 수준이 낮다는 뜻이 될 수밖에 없다. 콜버그는 남성 문화의 시선으로 문제를 바라보았기에 선악, 흑백을 가리는 것 자체에 가치를 두었기 때문이다.

| 길리건이 시도한 발상의 전환

캐럴 길리건은 저서 《침묵에서 말하기로》에서 '정의의 윤리'에 맞서는 '타인에 대한 배려 윤리'의 가능성과 중요성을 제시했다. 길리건은 에이미가 하인츠의 문제를 수학(논리)

문제로 다룬 것이 아니라, 시간의 흐름에 따라 진행되는 관계성에 대한 이야기(서사)로 파악했을 것이라고 주장했다.

에이미는 '하인츠가 저지른 도둑질의 선악 여부'에는 답을 미루고 시간을 충분히 확보해 해결책을 찾으려 했다. 아내가 죽어서는 안 되고, 도둑질 또한 나쁘기 때문이다. 다만, 아내가 죽으면 안 되는 이유로 생명은 소중하기 때문이라고 답하지 않았다. 그 대신 아내에게는 남편이 지속적으로 필요하고, 남편은 아내를 계속 염려한다는 관계의 맥락을 고려했다. 약국 입장에서 약을 도둑맞는 것 또한 좋지 않지만 소유와 판매의 권리가 침해당했기 때문은 아니라고 생각했다. 약을 제시된 가격으로 구매하지 않은 것은 약국의 행위를 세상이 존중하지 않은 것이라고 보았다.

에이미는 모든 사람을 배려한 후 도둑질을 하지 않고도 방법을 공유할 수 있는 가능성을 찾았다. 그 해결의 열쇠는 시간의 흐름 속에서 찾을 수 있는데, 콜버그의 설문은 해당 시점에서 '네', '아니오'로 즉시 답할 것을 강요했다. '도둑질인가, 아내의 죽음인가?'라는 첨예한 대립이다. 딱 잘라 정의를 판단하는 '절단 논리'가 자르지 않고 '떠안은 논리'보다 뛰어나다는 생각이 콜버그 이론의 저변에 깔려 있다.

길리건의 논리를 뒷받침하는 두 개념은 'Care'와 'Responsibility'다. 'Care'는 생각을 구석구석까지 미친다는 뜻이며 그 현상이 구체적 행위로 결실을 맺는다. 아기와 엄마에게는 수유할 공간을 제공하는 것이 배려일 것이고, 카페 손님에게는 물수건 한 장이 배려일지도 모른다. 아무것도 하지 않는다는 배려도 있다. 'Responsibility'는 일반적으로 '책임'으로 번역하는데 여기서는 '부름에 응답하는 것, 응답성'으로 해석해도 좋을 듯하다.

앞에서 말한 에이미는 죽을지도 모르는 아내와 그 인간관계를 배려하는 동시에 약국이 설정한 나름의 원칙에 부응하고자 했다. 그리고 이 두 가지를 양립시킬 여러 방법을 생각했다. 이런 관점에서 새로운 도덕의 방법을 제시한 것이 《침묵에서 말하기로》다. 길리건은 콜버그의 도덕 이론을 남성적 논리라고 판단했다. 도덕성에서 남녀 차이가 존재한다는 이야기가 아니라, 서로 다른 두 가지 사고방식이 양립하며 서로 보완할 수 있음을 제시한다.

| 《침묵에서 말하기로》와 페미니즘

길리건은 뉴욕 유대인 집안에서 태어났다. 스워스모어대

에서 문학학사 학위를 받은 후 래드클리프대에서 임상심리학 석사학위, 하버드대에서 박사학위를 받았다. 임상심리학을 공부한 길리건은 여기에서 희망을 발견하지 못해 심리학을 그만두려고 했다. 하지만 월터 미셸, 에릭 에릭슨과 콜버그 등 저명한 심리학자들의 이론이 여성을 완전히 배제했음을 깨달은 후, 여성들의 목소리와 가치관을 담아내기 위해 연구에 매진한다.

길리건은 1973년 임신중절에 관한 미국 연방대법원의 판결(연방대법원은 태아가 임신부의 자궁 밖에서 생존할 수 있는 단계 이전에는 임신중절이 가능하다고 판결했다. 이 판결로 미국에서는 낙태 금지 시기가 20주 이후로 정착되었다–옮긴이)을 바탕으로 하여, 임신중절을 계획했거나 실행한 여성들을 대상으로 인터뷰를 진행했다. 그리고 남성과 여성은 도덕적 판단을 내릴 때 지향하는 바가 서로 다르다는 결론을 내렸다.

남성이 개인의 권리와 정의, 평등 같은 가치를 기준으로 판단하는 반면에 여성은 사람들 사이의 구체적인 관계를 중시하여 도덕적 선택을 내린다. 특히 타인의 고통을 민감하게 감지하며 관계를 해치고 싶지 않다는 책임감을 보인다. 여성들의 이러한 기준은 남자와 다른 것일 뿐, 도덕적으로 뒤떨어지는 것이 결코 아님을 길리건은 강조한다.

《침묵에서 말하기로》에서 길리건이 주장한 배려 윤리는 단순한 남녀 대립의 가치관을 뛰어넘어 도덕성과 윤리에 대한 새로운 방향을 제시했다. 또한 길리건의 이론은 콜버그로부터 시작되는 남성 중심적인 도덕성 이론에 대해 대립 명제를 포함했다는 점에서 페미니즘과 긴밀했다.

17.
이야기를 통해
삶에 의미를 부여하는 우리

BOOK 《**의미의 복권**Acts of Meaning》, 제롬 브루너Jerome Seymour Bruner(원저 1990)

미국 심리학자 제롬 브루너가 쓴《의미의 복권》은 인간이 '의미'를 통해 '자신의 이야기'를 만들어내는 과정을 설명하는 책이다. 브루너에 따르면 '우리가 누구인가' 하는 의미를 만드는 것이 곧 이야기 양식이며 이야기는 문화와 영향을 주고받는다.

이 책은 인간 본성에 대해 난해하지만 근본적인 측면을

탐구한다. 저자는 삶 속에서 의미를 구축하기 위해 우리가 어떻게 이야기를 선택하고 만들어가는지를 자문하면서 내러티브를 매개로 삼는 도전적인 방식을 제안한다.

19세기 말에 성립한 근대 심리학에서는 '의미'를 배제한 채 인간의 기억에 대한 연구에 탐닉했다. 하지만 우리는 무의미한 철자에 둘러싸인 것이 아니라, 스스로 의미를 만들어내고 그것과 상호작용하며 살아간다는 것이 브루너의 주장이다.

제롬 브루너는 의미화에서 이야기로 향하는 흐름을 심리학의 역사에 가져왔다. 이 주장이 전 세계에 영향을 미쳤으며, 브루너는 인간 마음에 대한 이해에 평생을 바친 공로를 인정받고 있다.

1960년 브루너는 조지 밀러와 함께 하버드대에 인지연구소Center for Cognitive Studies를 설립했다. 이 연구소는 심리학뿐 아니라 철학과 인류학을 아우르는 다양한 분야의 인재들을 배출했으며, 이곳에서 이루어진 그의 연구는 미국의 교육 정책에도 큰 영향을 미쳤다.

| 인지혁명의 기수

제롬 브루너는 2015년 10월 100세를 맞이한 후 이듬해 사망했다. 내 지인 중 이탈리아 심리학자가 있는데 브루너가 세상을 떠나기 몇 해 전에 함께 찍은 사진을 보여준 적이 있다. 당시 브루너가 학교 교류차 이탈리아 여행 중이었다는 말에 깜짝 놀랐다. 정말 여러 의미에서 전설적인 인물이다.

그의 책 제목 'Acts of Meaning'을 풀어서 옮기면 '의미화한 여러 행위'다. 인간은 대부분 외부세계를 의미화하며 살아간다. 물론 의미화하지 않는 행위도 있다. 생득적인 반사는 의미를 통하지 않는 행위다. 눈앞에 물체가 날아오면 눈을 감는 반사는 '뭔가 오는 것 같다, 위험한 상황이다, 눈을 감아야 한다'와 같이 의미화한 후 눈 감는 행위를 하는 것이 아니다. 그렇게 하면 반응이 늦어 눈을 다칠지도 모른다. 실제 우리 일상생활에서는 그런 본능적인 반사 행동이 아니라 스키너가 말한 자발적 행동이 대부분을 차지한다.

행동주의 심리학은 심리학에 철저히 과학적으로 접근한다는 생각을 기반으로 한다. 과학적 방법으로 행동의 법칙을 밝혀 행동을 예측하는 것이 목적이며 생물로서의 인간에게 초점을 맞춘다. 20세기 초중반 행동주의는 심리학의 왕도가 되었으나 이런 풍조에 대항한 것이 1960년대의 '인지혁명'이고 브루너는 그 기수 중 한 명이었다.

| 똑같은 동전인데 왜 달라 보일까?

브루너의 심리학적 연구 주제를 연대순으로 대략 정리하면 이렇다. '지각, 사회적 지각, 사고, 교수, 학습, 발달, 언어 습득, 이야기.' 그의 삶 자체로 심리학 학설의 역사를 보여준다 할 만하다. 그는 먼저 사회적 지각 연구로 유명해졌다.

사회적 지각은, 한 사람이 보고 듣는 방법은 그가 처한 사회적 환경이나 상황의 영향을 받는다는 학설이다. 원래 지각은 인간이라는 종에게 보편적인 현상이라는 생각이 자연과학을 목표로 하는 심리학의 근본적인 입장이었다.

19세기 중반 이후 감각생리학 연구가 활발해지면서 인간의 감각, 지각, 행동을 과학적으로 연구하는 분위기가 조성되었다. 브루너 역시 그런 교육을 받았는데 이에 만족하지 않고 지각 연구에 사회적 요인을 도입했다. 사람에게 점, 원, 사각형을 보여주고 그것을 보는 방법을 연구하면 보편성은

분명히 존재한다. 하지만 화폐와 같은 사회적인 물건(대상)
이라면 어떨까?

브루너는 아이들을 대상으로 실험한 결과, 똑같은 동전
도 부유한 가정의 아이와 그렇지 못한 가정의 아이에게는
크기가 서로 다르게 보인다는 것을 증명했다. 빈곤한 가정
의 아이는 부유한 가정의 아이보다 동전을 더 크게 지각했
다. 이 연구는 지각이 사회적 영향을 받는다는 사실을 밝혀
내 '사회적 지각'이라는 개념을 제시했다. 동전의 가치나 의
미가 사람에 따라 달라지며 우리가 보는 것이 우리의 바람을
반영한다는 사실을 실험으로 보여준 것이다.

| 인지혁명의 시작과 과정

브루너의 시도를 기점으로 지각 연구 영역에서도 인간의
욕구와 기대, 태도, 과거의 경험 등이 객관적인 사물의 견해
에 영향을 미친다는 인식이 힘을 얻게 되었다. 이런 동향을
'뉴룩New look 심리학'이라 한다. 이로써 심리학에서도 개인의
환경이나 그 의미를 중시하는 구성주의적 사고가 등장했다.

19세기 말 근대 심리학에서는 '의미'를 꺼렸다. 근대 심

리학 성립기의 유명한 기억연구자 에빙하우스는 심리학이 기억과 같은 복잡한 현상을 다루지 않는 데 이의를 제기했다. 기억의 보편적 성질을 다루기 위해 '무의미 철자(일상 용어로 사용되지 않는 의미 없는 철자-옮긴이)'를 고안했고 지금도 유명한 '기억의 망각곡선'을 세상에 선보였다.

의미를 배제하여 인간이라는 종의 기억 자체를 연구할 수 있게 된 것은 분명히 중요하다. 하지만 우리는 무의미한 철자를 기반으로 살아가지 않는다. 인간은 끊임없이 의미를 만들어내며 그것에 둘러싸인 채 생활한다. 지각심리학자들이 실험에 사용하는 대상(자극)은 일상생활과 분리된 인공적인 것이 대부분인데 그 대신 사회적 자극을 사용하면 어떻게 될까? 이를 연구한 인물이 브루너다.

20세기 초, 존 왓슨의 행동주의 선언은 의미를 다루지 않고도 성립했으며 훗날 스키너와 같은 심리학자의 연구도 마찬가지였다. 브루너는 제2차 세계대전이 발발하기 전 그런 '의미 없는 세계'에서 벗어나는 것을 목표로 첫걸음을 뗐다.

이런 동향을 통틀어 인지혁명이라 한다. 브루너의 동료이자 인지심리학자 조지 밀러는 단기기억의 용량 제한에 대한 연구를 하여, 인간이 단기적으로 한 번에 외울 수 있는 숫자는 겨우 5~9개라는 사실을 보여주었다. 예를 들어 수열

03104798253을 한 번 보고 외우기는 어렵다. 이는 각 숫자가 독립적인 청크^{Chunk}(기억단위)이며, 위의 경우에는 모두 열 개의 청크가 존재하기 때문이다. 하지만 이 숫자들이 전화번호라는 것을 알면 031-0479-8253으로 분류할 수 있다. 여기서 031은 경기도 국번으로 인식되어 하나의 청크가 된다. 또한 0479를 '공사철거', 8253은 '빨리오세'로 의미화할 수 있다면 청크의 수는 세 개로 줄고 한결 쉽게 외워진다. 언어유희가 효과적인 것은 이런 이유 때문이다.

이와 같은 '의미화'는 개인마다 달라지므로 객관적 과학을 목표로 하는 심리학(행동주의) 연구 대상에서는 배제되었다. 하지만 브루너, 밀러와 같은 심리학자들은 그런 동향을 뒤바꿨다. 다시 말해 인지혁명을 추진하여 이뤄냈다.

| 인간은 의미를 부여하는 존재

《의미의 복권》 1장에서 브루너는 자신이 꿈꿨던 인지혁명을 되돌아본다. '객관주의'라는 춥고 기나긴 겨울 후 인간 과학에 마음(마인드)을 회복한 것이 인지혁명이었다고 평가한다. 그리고 현재(1980년대)는 본질을 잊은 채 주변적이고 기술적인 데만 초점을 맞춘다고 지적한다. '의미화^{Meaning-} making'에 대한 인지 연구로 되돌아가야 한다는 것이 브루너의 주장이다. 더불어 그는 인지혁명 이후의 심리학이 '의미 구축'을 '정보 처리'로 대체하여 비인간화를 주도한 것에 우려를 나타냈다. 그는 인지혁명 이후의 심리학이 윌리엄 제임스의 '정신과학'으로 돌아가지 않고 컴퓨터 프로그램으로도 바꿀 수 있는 정보처리과학이 된 것이 아닌지 의심했다.

인간의 인지를 컴퓨터 연산처리로 대체할 수는 있지만 그럴 경우, 정보의 의미는 외부에서 미리 받게 된다. 이는 인간정신 연구와는 다르다. 브루너가 의도한 것은 의미가 미리 정해진 정보의 처리가 아니라 외부세계를 적극적으로 의미화하는 주체적인 인간의 모습을 연구하는 것이었다.

아래 그림에서 윗줄의 세 번째 글자는 어떻게 읽을까?

L. M. B. Y. A

① 깨진 B

10. 12. B. 16.17

② 문맥이 있는 깨진 B(13으로 읽을 수 있다)

대부분 'B'라고 읽었을 것이다. 브루너는 이 글자를 '깨진 B^{Broken B}'라고 불렀다. 그럼 아랫줄 중간의 똑같은 글자는 어떤가? '13'이라고 읽었을 것이다. 똑같은 글자를 윗줄에서는 B라고 읽었더라도, 문맥이 달라져서 앞뒤에 숫자가 놓여 있으면 숫자 13을 바짝 붙여 썼다고 의미화할 것이다. 즉, 똑같은 형태의 글자도 문맥에 따라 의미가 달라지는 것이다.

이 깨진 B도 아래 그림과 같이 정돈된 레터링으로 그려서 톱다운 정보처리의 예로 소개하곤 한다. 이때는 문맥과 함께 글자 정보가 자동으로 해석된다. 이런 풍조에 브루너는 초조했을지 모른다. 인간이 주체적으로 뭔가를 의미화하는 것은 정보처리와 다르다. 전자는 주체적 대처이며 후자는 수동적 대처일 뿐이기 때문이다.

덧붙여 이런 '의미화 행위'는 문화적 맥락을 무시할 수 없다. 알파벳이나 아라비아 숫자 관련 지식이 없으면 깨진 B

A 13 C
12 13 14

톱다운 처리 사례로서의 13과 B

의 의미화는 불가능하다. 숫자는 배웠지만 알파벳을 모르는 사람이 'B'를 알파벳 B라고 할 수 없는 것은 자명한 이치다. 그렇기에 문화도 의미화의 중요한 요인이다.

| 내러티브에서 문화로

《의미의 복권》 2장의 내용은 '문화 장치로서의 민족심리학Folk psychology'이다. 민족심리학은 우리가 일상생활에서 이용하는 지혜와 같은 학문이다. 여기서 브루너는 사람들이 저마다 신념이나 욕망을 가졌으며 이에 따라 행동한다고 가정한다. 브루너는 자신의 연구에서 '행동Behavior'이 아니라 '행위Action'라는 단어를 썼는데 여기서 행위에는 의도적, 의향적이라는 전제가 깔려 있다. 그리고 문화는 이런 해석을 가능케 하는 맥락으로 존재한다.

일반적으로 아기가 태어나면 부모들은 마음이 앞선다. 목을 간신히 가누는 아기가 얼른 몸을 뒤집기를 기다리고, 그다음에는 빨리 기기를, 잡고 서기를, 마침내 한 발을 떼고 걷기를 기대한다. 하지만 지구상에는 다른 육아 방식도 존재한다. 서구의 스와들링Swaddling이라는 육아법은 아기의 얼굴만 빼놓고 팔부터 다리까지 온 몸을 천으로 꽁꽁 감아놓는다. 천이 풀어지지 않도록 끈으로 다시 한번 여미어 묶기도 한다. 아기의 팔과 다리가 자유로운 동양의 포대기 문화와는 확실히 다르다. 기저귀를 갈 때 정도만 다리를 자유롭게 움직이게 한다. 아기가 걷기 시작하는 시기는 어느 곳이나 같지만, 인간이 어떻게 성장하는가에 대한 관점은 지역마다 다르며 해당 문화의 영향을 받는다.

여기서 내러티브가 중요해진다. 일본에서는 '기면 서라, 서면 걸으라는 것이 부모의 마음'이라는 관용어구를 흔히 사용한다. 이 말은 아이의 성장을 하나의 서사로 만든 것이며, 부모에게 앞일을 예측하도록 해준다. 발달의 원리를 구조적으로 설명한 것이 아니라 그저 겉으로 드러나는 행동을 연쇄적으로 표현한 것이지만, 이야기로 포착해낸 부분이 중요하며 이를 내러티브라고 할 수 있다.

브루너는 인간과학에 두 가지 모드가 있다고 주장했다. 바로 패러다임 모드와 내러티브 모드다. 여기서 모드란 태도와 같은 의미로 보면 된다. 물건을 사러 근처 마트에 갈 때와 첫 데이트할 때의 패션 모드가 다르다는 것을 생각하면 이해가 쉬울 것이다.

패러다임 모드는 외부의 실재를 전제로 이를 특정 형태

로 모사할 수 있다고 생각하는 입장이다. 여기서는 기호와 연산으로 외부를 기술하고 이해할 수 있다고 본다. 인간을 대상으로 패러다임 모드를 적용한다는 것은 개개인의 의미를 도려내 기술하고 이해한다는 의미다.

한편, 내러티브 모드는 자신이나 타인의 삶에 질서와 의미를 부여하기 위한 모드다. 우리는 매일 다양한 경험을 하며 현재의 나를 구축해나간다. 만약 '오늘의 나'를 설명한다면 어떻게 해야 할까? 최근 한 달 동안 신상에 일어난 모든 사건을 하나하나 꺼내 현재의 자신을 말하지는 않는다. 애초에 가능하지도 않은 일이다. 대신에 우리는 특정한 이야기를 선택해 자신의 삶을 말한다. 이야기를 통해 살아온 시간을 설명하고 삶에서 일어난 사건들을 의도적으로 구성해내는 것이다. 낱낱의 사건을 기계적으로 나열하는 것이 아니라, 연대순으로 각 사건을 서로 연관시키게 되는데 이런 양식이 바로 내러티브 모드다.

| 이야기로 가는 흐름을 만들다

《의미의 복권》3장은 '의미로의 참여'이고 4장은 '자서전과 자아'다. 이 책의 중심은 의미를 만들어내는 데 있으며 자아도 의미를 부여하는 주체의 역할을 한다. 개념으로서의 자아는 추상적일 수 있지만 개인에게 자아는 살아가면서 부단히 의미화하는 과정 자체다. 또한 의미를 부여하는 주체로서 자아는, 우리를 둘러싼 의미의 집합체인 문화와 영향을 주고받는다. 생물학적 인간이 발달적 인간이 되는 비결은 언어의 사용인데 그러기 위해서는 준비 기간이 필요하다. 그때 우리는 구음, 어휘, 문법만 배우는 것이 아니라 말하기 양식도 습득한다.

우리가 누구인가 하는 의미를 만드는 양식은 이야기 양식이며 이야기는 문화와 영향을 주고받는다. 브루너는 의미화에서 이야기로 가는 흐름을 심리학에 가져왔으며 지금도 그 영향은 계속되고 있다.

18.
나는 언제나 변함없는 나일까?

BOOK 《**대화적 자아**The Dialogical Self》, 휴버트 헤르만스Hubert J. M. Hermans ·해리 켐펜Harry Kempen(원저 1993)

네덜란드 심리학자 휴버트 헤르만스의 《대화적 자아》는 21세기 들어 주목받는 자아 이론 중 하나인 '대화적 자아(론)'를 주장하는 책이다.

헤르만스가 주장한 이 이론에서는 자아를 고정적이고 유일한 존재로 가정하지 않는다. 헤르만스의 대화적 자아는 항상 유동적이고 자유롭게 변화한다. 서로 다른 자아가 대립하는 것이 아니라 융화할 가능성을 내포한다는 측면에서 현재와 같은 글로벌화 세상에 효과적으로 적용할 수 있다. 서양 심리학에서는 단일한 존재로서 자아 개념을 줄곧 지지해왔다. 헤르만스는 여러 명의 자아를 인정한 시각을 통해 그 한계를 뛰어넘고자 했다.

헤르만스는 대화적 자아 이론의 창시자, 이야기 심리학, 이야기 심리치료의 주요 이론가다. 그는 네이메겐 라드바우드대에서 심리학을 공부했고 현재는 네이메겐 가톨릭대 심리학과 명예교수로 재직 중이다.

그가 연구 과정에서 개발한 주요 개념으로는 대화적 자아 이론, 개인 위치 목록 방법, 자아 직면 방법, 가치화 이론 등이 있다.

| 자아 개념의 역사

고등학생 시절 학교에서 논술 시험을 치렀을 때였다. '자기에 대해'라는 논제가 나왔는데 나 자신에 대해 쓰면 된다고 단순히 생각했다. 그래서 나에 대해 이런저런 설명을 하면서 내용을 채웠는데 전체 강평을 보고 깜짝 놀랐다. '자신에 대해 쓴 사람이 많았는데 그런 걸 쓰는 것이 아니라 Self 개념에 대해 써야 한다'라고 적혀 있었다.

그런 생각은 한 번도 해본 적이 없었기 때문에 내심 충격을 받았다. 그때 선생님이 요구한 것은 자신에 대한 고찰이 아니라 한층 더 고차적인 메타적(어떤 범위나 경계를 넘어서거나 아우르는 것-옮긴이) 차원에서 '자기의 존재'를 고찰하라는 것이었다.

그것이 '자아'와 처음 만났던 경험이다. 자신이 아니라 자기. 나 자신이 아니라 자기의 존재. 그럼 자아라는 존재를 대상화하게 된 것은 언제부터일까?

심리학에서 다루는 자아라는 개념은 존 로크로부터 이어진 사상의 흐름 속에서 확인할 수 있으며 이후 윌리엄 제임스와 에릭 에릭슨이 각각 새로운 전개를 모색했다(그 밖에도 조지 미드 등이 있지만 여기서는 다루지 않는다). 또한, 이번 장에서 소개하는 헤르만스는 기존의 틀을 뛰어넘는 형태로 자아 이론을 전개했다.

17C	존 로크의 자아	사회의 변화 아래에서도 동일하게 유지되는 감각의 원천으로서의 자아
19C	윌리엄 제임스의 자아	'I'와 'Me'의 분화. 사회에서 남에게 보이는 존재로서의 자아
20C	에릭 에릭슨의 자아	Identity. 사회의 과제를 뛰어넘어 성장하는 존재로서의 자아
21C	휴버트 헤르만스의 자아	I-position. 다양한 역할이 공존하는 존재로서의 자아

| 자아는 여럿이 존재한다

21세기가 되어 주목받는 자아 이론 중 하나는 대화적 자아(론)다. 네덜란드 심리학자 휴버트 헤르만스가 주장한 이 이론에서는 유일한 존재로서 고정적인 자아를 가정하지 않는다. 부모에 대해서는 '자식으로서의 나', 연인을 대할 때는

'남자친구, 여자친구로서의 나'가 되듯이 개인의 자아를 '~로서의 자아'가 여럿 모인 존재로 설명한다. 하지만 이는 역할처럼 고정된 것이 아니라 개별적인 상대방과의 관계로 규정된다.

헤르만스는 또한 포지셔닝의 개념을 자아 이론에 도입했다. 즉 '~로서의 나'에 대해 자기 안에서 대화함으로써 자아가 구성된다고 설명한다. 이 이론에 따르면 여러 명의 자아가 단순히 병렬적으로 존재하는 것이 아니라 상호 위치 관계가 성립한다. 야구 경기에서 선수 아홉 명이 각자의 포지션을 지키듯이 다양한 자아가 각자의 포지션에서 역할을 다하는 것이 자아다.

에릭슨의 정체성이 사회와의 격투 끝에 확립되는 것이었다면, 헤르만스의 대화적 자아는 항상 유동적이고 자유롭게 변화한다. 다시 말해, 대화적 자아라는 관점은 서로 다른 자아가 대립하는 것이 아니라 융화할 가능성을 내포한다. 그런 측면에서 헤르만스가 제기한 자아 개념은 현재와 같은 글로벌화 세상에 효과적으로 적용할 수 있다. 전혀 모르는 타인, 나는 생각지도 못했던 행동을 하는 타인에 대해서도 표용의 여지를 주기 때문이다. 대화적 자아의 관점에서 바라보면, 상대방과의 관계에 따라 자아의 포지션(I 포지션)을 유연하게 설정할 수 있다.

자아를 여러 변수로 나누어 측정하지 않고 거꾸로 자아가 여러 포지션으로 성립한다는 보는 생각은 질적 방법론(수량화와 같은 객관성보다는 주관의 개입을 인정한 범위에서 연구를 진행하는 연구 방법론–옮긴이)과 일치한다. 동양의 사고관으로는 오히려 수용하기 쉬운 관념이다. 실제로 동양의 많은 나라들은 영어의 'I'에 해당하는 개념을 여러 가지로 구분해서 사용하곤 한다. 상대방과의 관계에 따라 자아의 포지션을 미묘하게 바꾸는 셈이다. 그에 비해 서구에서는 에릭슨과 같이 유일무이한 자아를 확립하는 것이 중요하다고 보는 시각이 우세하기 때문에 대화적 자아의 개념을 쉽게 받아들이지 못할 수 있다.

| 오선지 위 음표와 같은 자아

2009년, 나는 헤르만스와 그의 아내 아그니에쉬카 코노프카Agnieszka Konopka Hermans를 일본 리쓰메이칸대에서 열린 심리학회에 초대했다. 당시 아그니에쉬카는 '컴포지션 워크'라는 도구를 고안했는데, 이는 자아 발달을 이해하고 지원하는 새로운 시도를 담고 있었다. 커다란 상자 속, 가득 담긴 모래 위에 여러 개의 돌을 놓아 'OOO로서의 나', '△△△로서의 나'라는 식으로 표현하며 자아를 성찰하는 방법이다. 이 빈칸에는 '전문직으로서의 나', '학생으로서의 나'처럼 역할을 넣을 수도 있고 '불안으로서의 나', '인생을 즐기는 사람으로서의 나'처럼 상태와 감정을 넣을 수도 있다.

이 도구의 이름 '컴포지션 워크'에서 컴포지션Composition은 '포지션이 함께 있다'는 뜻으로 해석할 수 있다. 한편으로 컴포지션은 '작곡'이라는 의미도 있으므로. 자아라는 개념이란 곧 오선지 위에 함께 놓인 음표가 만들어내는 멜로디 같은 것이라고 이해할 수 있다.

헤르만스는 여러 포지션으로 이루어진 자아라는 생각을 주장했다. 또한 아내 아그니에쉬카는 틀 안의 구조를 뛰어넘어 그 안에서 이루어지는 과정에 집중할 것을 제안했다. 이는 마치 '깊은 계곡에서 흘러나온 물이 곧 강이 되어 퍼지는' 동양화의 풍경을 연상케 한다. 이러한 자아의 이해는 구조보다도 과정의 이해를 중시하는 얀 발지너의 관점과도 부합한다.

앞서도 말했듯이 서양 심리학에서는 단일한 존재로서 자아 개념을 줄곧 지지해왔다. 이런 관점에서 자아를 표현할 때는 어떻게든 구조와 단계로 드러내기 쉽다. 그 한계를 뛰

어넘는 시도는, 여러 명의 자아를 인정한 헤르만스의 시각에
서부터 시작되었다.

제3부

사회심리학

19.
인간은 왜 힘들게 거머쥔 자유를 스스로 포기하는가?

BOOK 《**자유로부터의 도피**Escape from Freedom》, **에리히 프롬**Erich Pinchas Fromm(원저 1941)

독일 정신분석학자 에리히 프롬의 책《자유로부터의 도피》는 나치즘의 대두를 사회심리학적 측면에서 분석해 주목받았다. 이미 손에 넣은 자유를 부담으로 여기고 권위주의와 나치즘을 환영한 독일인들의 심리를 통찰한 책으로 유명하다.《자유로부터의 도피》는 프로이트의 정신분석과 마르크스주의를 융합한 프랑크푸르트학파의 대표작이라는 평가를 받았다.

이 책은 자유에 대한 개론서이기도 하다. 에리히 프롬은 자유를 소극적 자유와 적극적 자유로 나누었다. 전자는 일차적 유대감에서 풀려난 자유이며 고독이나 불안을 동반하는 위험이 있다. 후자는 개인의 전체적인 성격 구조를 아우르는 개념으로서, 적극적이고 자발적으로 행위하는 과정에 존재한다. 에리히 프롬은 이 책을 통해 인간의 본질에 대해 깊이 생각하게끔 만드는 데 성공했다.

에리히 프롬은 한평생 인간에게 자유의 의미가 무엇인지 물었다. 《자유로부터의 도피》로 에리히 프롬은 전 세계에 이름을 알렸으며 이 책은 사회를 바라보는 새로운 방법론의 신호탄이 되었다.

사회심리학적 시각으로 현대인이 소외되는 양상을 고찰하고 인간이 참다운 자아를 실현해가는 길을 찾고자 했던 프롬의 노력은 이후에도 계속되었다. 베스트셀러 《사랑의 기술 The Art of Loving》, 《소유냐 존재냐To Have or To Be?》는 그런 노력의 결과물이다.

| 악에 대한 통찰

'제2차 세계대전 이후 사회과학 발전의 원동력은 히틀러'
라는 고약한 농담이 있다. 히틀러는 1933년 독일에서 나치
당을 거느리고 정권을 장악한 후 유대인 학살을 국가 정책으
로 설정하고서 제2차 세계대전을 일으켰다. 물론 히틀러의
영향을 받은 연구라는 것이 '히틀러는 나쁘다, 나치 독일은
악하다'처럼 단순한 선악관에 입각해 '악을 처단하는' 식으
로 발전한 것은 아니다(그런 말은 연구하지 않아도 할 수 있다).

악에 대한 사회과학적 고찰과 통찰을 시작한 인물은 바
로 '급진주의 정신분석가'라 불리는 에리히 프롬이다. 그는
독일 파시즘이 성행한 원인을 사회심리학 입장에서 동시대
적으로 분석해 1941년 《자유로부터의 도피》를 출간했다. 이
미 손에 넣은 자유를 부담으로 여기고 권위주의와 나치즘을
환영한 독일인들의 심리를 통찰한 책으로 유명하다.

히틀러를 대상으로 한 연구는 수없이 많다. 앞에서 이미
소개했던 에릭 에릭슨도 그중 하나였다. 오스트리아에서 성
장한 덴마크계 유대인이라는 독특한 이력을 가진 그는 정신
분석 개념을 이용해 히틀러를 분석했고, 히틀러가 아버지에

게 반항하는 비행청소년 이미지를 국민과 공유했다고 결론 지었다.

1950년에는 사회학자 테오도르 아도르노^{Theodor Wiesen grund Adorno}가 파시즘에 관한 연구를 바탕으로 《권위주의적 인간》을 발표했다. 이후 철학자 한나 아렌트^{Hannah Arendt}는 전 나치 관료 아돌프 아이히만^{Adolf Eichmann}의 재판을 방청 한 후 그 내용을 기록한 책 《예루살렘의 아이히만^{Eichmann in Jerusalem}》을 출간했다. 사회심리학자 스탠리 밀그램이 1974 년 《권위에 대한 복종》을 집필한 동기도, 나치의 유대인 학살 이라는 사건을 사회심리학적 시각으로 해석하고자 한 것이 었다(다만, 그는 이 연구를 나치뿐만이 아니라 베트남전에서 미군 이 민간인을 대상으로 네이팜탄을 사용한 사건에도 적용할 수 있 다고 주장했다).

히틀러에 대한 연구의 흐름을 살펴보면 초기에는 나치와 당시의 독일 국민들에게 비판적인 논조를 띄었으나, 어느 순 간부터 매우 평범한 사람도 악을 구현할 수 있다는 논조로 전환한 것을 알 수 있다. 그런 이유로 한나 아렌트나 스탠리 밀그램의 연구와 저서는 기본적으로 큰 존경을 받으면서도 때때로 비판을 받곤 한다.

한편, 악에 대한 사회과학적 분석으로 기선을 잡은 에리히 프롬의 저서는 참신한 분석과 동시대적 공감을 자아내는 감각으로 수많은 독자를 얻었다. 그의 책은 세월이 흘러도 시대에 뒤처지지 않는다는 평가 속에서 21세기에도 새로운 독자를 계속 만들고 있다.

| 근대라는 시기의 인간이란

《자유로부터의 도피》는 프로이트의 정신분석과 마르크스주의를 융합한 프랑크푸르트학파의 대표작이라는 평가를 받았다. 20세기를 대표하는 사상가 프로이트와 마르크스의 융합이라니, 과연 그 둘을 뛰어넘는 관점을 만들어냈을까? 그렇다고 단언할 수는 없지만 단순히 둘의 장점만을 취하는 데 그치지 않았음은 분명하다. 에리히 프롬은 이 책을 통해 인간의 본질에 대해 깊이 생각하게끔 만드는 데 성공했다.

이 책은 근대인의 성격 구조를 밝힐 목적으로 썼다. 근대란 무엇인가? 이는 매우 흥미로운 질문이어서 한때 나는 다양한 분야의 동료 학자들에게 일일이 질문하며 다녔던 적이 있다. 그중 베스트팔렌 조약(독일의 종교전쟁인 30년전쟁을 끝마치기 위해 1648년에 체결된 평화조약-옮긴이)이나 포드 시스템 등장을 근대의 시작이라고 했던 답변이 기억난다. 포드 시스템이란 1910년대 미국의 자동차회사 포드가 실시한 자동차 조립 시스템이다. 부품을 규격화한 후 컨베이어 벨트의 흐름을 체계화해 자동차의 대량생산, 가격인하를 실현했고 이 방법은 타 제조업에까지 확대되었다.

근대를 논하기 위해서는 《자유로부터의 도피》보다 1년 앞섰던 찰리 채플린Charles Chaplin의 영화 〈모던 타임즈Modern Times〉를 빼놓을 수 없다. 엔터테인먼트라는 형식을 빌려 근대인의 성격 구조를 비판한 작품이다.

근대로 접어들면서 이전의 시대에 비해 개인의 자유가 증대되고 신분제의 벽은 비교할 수 없을 만큼 낮아졌지만, 실제로 사람들은 더 큰 힘의 감시를 당한다는 불안감에 시달리게 된다. 그 광경을 완벽히 묘사했다는 점에서 영화 〈모던 타임즈〉의 가치가 있다. 참고로 영화를 개봉했던 1936년은 영화계가 유성 시대를 맞이한 지 9년이나 지난 시기였지만 찰리 채플린은 〈모던 타임즈〉를 무성영화로 제작했다.

그의 첫 유성영화는 〈모던 타임즈〉 다음에 만든 〈위대한 독재자The Great Dictator〉(1940)였다. 영화 역사상 최고의 연설 장면으로 꼽히는 마지막 장면에서 '유대인 이발사'로 분한 찰리 채플린은 음성언어의 힘을 직접 전한다. 독재자 총통과 똑같은 외모 때문에 총통 대신 연설하게 된 유대인 이발사는 총통의 대역이 아니라 자신의 말로 연설하는 것을 선택한다. 그리고 독재 체제를 부정하며 서로 돕는 자유로운 세계를 만들자고 외친다.

학문보다도 한발 앞섰던 찰리 채플린의 영화는, 혼란한 시기를 지나던 사람들에게 희망을 전한 엔터테인먼트 걸작이다.

| '사회적 성격'이라는 새로운 개념

에리히 프롬의 《자유로부터의 도피》는 악에 대한 사회과학적 분석의 시초였다. 무엇보다 히틀러와 동시대 속에서 이런 분석을 내놓았다는 점은 무한한 가치가 있다. 긴급사태에 처한 사회를 분석하기 위해서는 즉흥적인 판단이 아닌 견고한 이론을 도구로 삼아야 한다. 이론은 모호해서 이해하기 어려운 동시대 상황을 날카롭게 분석할 수 있게 해준다. 그런 점에서 에리히 프롬이 창안한 사회적 성격Social character이라는 핵심 개념은, 당시 사회의 성격을 예리하면서도 신선한 시각으로 조명한다.

일반적으로 성격이라 하면 개인의 성격, 그러니까 사람마다 다른 저마다의 개성을 가리킨다. 그런데 프롬의 사회적 성격은 동일한 사회적 상황 속에서 성장한 사람들의 공통된 성격 특성을 나타낸다. 어떤 사회가 공유하는 이상적인 모습은 그 사회를 구성하는 개인의 생활양식을 결정한다. 즉 일에 대한 태도나 타인과의 관계를 규정하며 이는 개인의 성격 구조에도 영향을 미친다. 만약 새로운 이데올로기가 발생한다면 이는 성격 구조가 변화한 데서 유래하는 것이며, 동시에 새로운 성격 구조를 형성할 것을 호소하게 된다. 이 새로운 성격 구조는 경제적 사회 구조와 다시 상호작용한다.

에리히 프롬은 이렇게 사회와 개인의 관계는 끊임없이 영향을 주고받는 과정에서 일정한 방향으로 유지된다고 생각했다. 실증 데이터도 없이 그렇게 주장하는 것은 오만하다고 비판하는 입장(실험심리학자)도 있다. 하지만 그렇게 말하는 이들은 긴급사태가 닥쳤을 때 사회를 비판적으로 파악하는 시도 자체에 겁을 먹는다는 뜻인지도 모른다.

스탠리 밀그램을 비롯해 나치 독일을 모티브로 삼은 심리학적 연구는 방대하다. 하지만 실험 계획을 세우고 데이터를 추출해 분석하여, 논문이나 책의 형태로 성과를 얻으려면 기나긴 시간이 걸린다. 파시즘 폭풍이 이미 세상을 휩쓸고 지나간 다음에는 정확한 데이터에 근거해 결과를 얻었더라도 활용의 폭이 제한될 수밖에 없다. 당대를 겨냥했던 에리히 프롬의 과감한 분석과 진단은 그런 의미에서 이점과 결점을 동시에 안고 있다.

| 권위주의적 성격의 본질

에리히 프롬은 사실 '자유로부터의 도피' 상황이 히틀러 시대에 처음 벌어진 것은 아니라고 생각했다. 그가 생각한 최초의 시기는 종교개혁 시대였다. 근대 자본주의의 근원으로 평가되는 이때는 봉건적 토지 영유가 종말을 고한 시기다. 15세기 말까지는 자본가가 위세를 떨쳤다. 광산 길드에서는 일하지 않는 자본가와 일하는 노동자가 뚜렷이 구분되는 현장을 목격할 수 있었다. 동시에 자본주의가 싹튼 이 시기는 중세의 협동적 세계에서 개인이 자유를 얻는 과정이기도 했다.

하지만 공동 세계에서 해방되는 것은 고독을 의미한다. 동요, 무력감, 회의, 불안에 어느 순간 휩싸이게 된다. 루터주의나 칼뱅주의가 등장한 것은 바로 16세기였다. 루터^{Martin}

Luther는 면죄부 판매 등으로 타락한 종교를 개혁한 인물이지만 중세 말기 스콜라 철학자에 대한 그의 공격은 무시무시했다(스콜라 철학은 기독교 신앙을 체계적으로 정리하고 이를 이성을 통하여 입증하고 이해하려 했던 중세 철학이다-옮긴이). 그는 농민 대량 학살과 유대인에 대한 적개심 등을 노골적으로 부추긴 인물이기도 하다.

에리히 프롬은 새로운 종교적 교의와 정치 원리를 심리학적으로 분석하는 데서 의의를 찾았다. 이때 앞장서 주장하는 쪽과 받아들여 따르는 쪽의 심리를 분석해야 한다고 강조했다. 그는 루터가 소위 권위주의적 성격의 소유자였다고 고찰했다. 에릭 에릭슨 역시 저서 《청년 루터Der Junge Luther》에서 루터를 분석했는데 여기서 루터를 표현하기를 '자기 동일성을 확립하지 못하고 정체성 위기에 빠진 사디스트'라고 했다.

에리히 프롬도 루터가 사디스트의 성향을 가졌다는 의견에 동조한다. 그는 사디즘의 근본적인 정의는 다른 사람을 혼내주는 것이 아니라 완전히 지배하는 것이라고 말한다. 에릭슨과 프롬 둘 다 프로이트로부터 시작되는 정신분석의 흐름을 이어받았기에 관점에 일치하는 부분이 있을 것이다.

시곗바늘을 조금 되돌려보자. 고전문화의 부흥을 꾀한 르네상스(14~16세기)는 그야말로 중세의 마지막 불꽃놀이

였고 상류 계급은 이를 구가했다. 중세가 종말을 고하고 봉건주의가 몰락하자 하층 계급에게는 쟁취해야 할 수많은 목표가 눈앞에 나타났다. 그리고 중산층은 새로운 자유와 그 정반대에 있는 고독이나 절망에 시달렸다. 상류 계급과 종교 세력(가톨릭)에 대한 분노 한편으로는 하층 계급에 대한 두려움이 일었다.

이때 루터가 앞장서서 주장한 새로운 종교의 가르침은, 중산 계급이 느끼는 무력감이 인간의 본성에서 유래한다며 합리적 근거를 부여했다. 오직 신앙에 의해서만 구제받을 수 있다고 믿었던 루터는 '신을 향해 무조건 복종할 것과 주어진 환경 및 사회적 지위에 무조건 순응할 것'을 강조했다. 이런 지침을 통해 중산 계급은 불안을 극복하고 경제적 안정에 집중할 수 있었다.

| 자유의 진정한 의미

《자유로부터의 도피》의 주제로 돌아가자. 이 책의 핵심은 20세기 독일에서 수많은 사람들이 파시즘을 추종한 이유를 분석하는 것이다. 파시즘을 분석하는 시각은 사회경제적 관점과 심리학적 관점으로 나뉜다.

자본주의 발달과 산업구조의 변화는 어떤 의미에서 대중의 힘을 증대시켜 강하고 빠르게 만들어주었다. 사람들은 직업이나 유대감으로부터 자유로워진 한편으로 자신의 가치를 보장해주는 존재에 대한 의존도도 높아졌다. 그 영향을 가장 크게 받은 것은 중산 계급(특히 하층 중산 계급)이었다. 이것이 바로 사회경제적 관점이다.

심리학적 관점에서는 히틀러의 정신병리를 해명하고 그를 추종한 대중의 심리를 규명해야 한다. 에리히 프롬은 히틀러야말로 권위주의적 성격의 가장 적합한 예라고 말했다. 히틀러의 자서전《나의 투쟁》에는 사디즘과 마조히즘의 공존을 볼 수 있는데 그것이야말로 권위주의적 성격의 본질이다. 또한 히틀러는 그 공존의 상태를 민중에게 부여하는 데도 탁월했다. 연설로 민중의 의사를 배제하고 자신과 같은 권위주의적 성격 구조로 재구축했다.

《자유로부터의 도피》는 제목처럼 자유에 관한 책이다. 에리히 프롬은 자유를 소극적 자유와 적극적 자유로 나누었다. 전자는 일차적 유대감에서 풀려난 자유이며 고독이나 불안을 동반하는 위험이 있다. 후자는 개인의 전체적인 성격 구조를 아우르는 개념으로서, 적극적이고 자발적으로 행위하는 과정에 존재한다.

　행동의 자유로움이 아닌, 자신의 모든 존재를 내건 자유로운 선택이 바로 자유의 진정한 의미이며 그런 조건을 만드는 것이 우리가 할 일임을 에리히 프롬은 말한다.

20.
죽음의 문턱에서
'나만이 할 수 있는 일'을 묻다

BOOK 《**죽음의 수용소에서** ... trotzdem Ja zum Leben sagen》, **빅터 프랭클**Viktor Emil Frankl(원서 1946)

정신의학자 빅터 프랭클의 《죽음의 수용소에서》는 자신의 체험에 근거해 집필한, 역사에 길이 남을 명저다. 나치 독일이 유대인 근절을 위해 만든 강제수용소에서 수많은 유대인이 죽음에 이르렀다. 빅터 프랭클은 수용소 생활을 글로써 세상에 알렸고 그런 자신을 심리학자라고 정의했다.

빅터 프랭클은 오스트리아 빈의과대학의 신경정신과 교

수로 재직했고 미국 인터내셔널대학에서 로고테라피를 가르쳤다. 로고테라피는 삶의 가치를 깨닫고 목표를 설정하는 것을 목적으로 하는 실존적 심리치료 기법으로, 프로이트의 정신분석과 아들러의 개인심리학 뒤를 잇는 심리치료 방법으로 평가받는다. 빅터 프랭클은 강제수용소 경험을 바탕으로 인간을 자유와 책임이 있는 존재로 파악하여 독자적인 실존분석을 수립하고 '의미 치료', 즉 로고테라피를 주창했다.

그는 어떤 상황에서든 즐거움을 찾아내는 사람이 있다는 것을 깨달았다. 그리고 어떤 상황에서나 인생의 의미를 찾아내는 것이 살아가는 데 중요하다는 생각에 이르렀다. '나는 무엇을 위해 사는가?'라는 질문의 답을 찾지 못하면 인생은 절망에 빠진다. 하지만 프랭클은 그 대신 '나만 할 수 있는 일이 있기에 지금 살아 있는 것이 아닐까?'라고 자문해야 한다고 말한다.

이 책은 그 질문의 의미와 가치를 깨닫게 해주는 심리학 분야의 명저다.

| 압도적 가치의 원천

《죽음의 수용소에서》가 심리학 분야 최고의 명저 중 하나라는 데 이견은 없을 것이다. 명저인 동시에 심리학은 아니라고 느끼는 사람도 있다. 저자 빅터 프랭클은 신경학과 정신의학 훈련을 받은 학자이기 때문이다. 하지만 어떤 훈련을 받았는지로 '무슨' 학자인지가 결정된다면 심리학이 성립하기 전에 등장했던 빌헬름 분트나 윌리엄 제임스도 심리학자라 할 수 없다. 그러니 이 책을 인본주의 심리학에 서광을 비춘 책이자, 실존주의에 입각한 심리학 명저로 평가하기에 아무 문제가 없다.

유대인 빅터 프랭클은 나치 독일이 만든 강제수용소에서 3년이라는 시간을 견뎌냈다. 자신을 심리학자라고 정의했으며, 수용소 생활의 경험을 글로 적어 세상에 알렸다. 이 책의 독일어판 원서 제목을 직역하면 《그래도 인생에 예라고 답하다》이며 '어느 심리학자, 강제수용소를 체험하다'라는 부제가 달려 있다. 원서 제목대로 강제수용소에서 살아 돌아온 사람이 직접 쓴 책이라는 점에서 이 책은 압도적인 가치가 있다. '보고서'로는 파악할 수 없고 전할 수 없는 내용이 이

'체험서'에 담겨 있기 때문이다.

프랭클을 포함한 많은 심리학자들은 실존주의에 근거한 인본주의 심리학을 전개했으며, 그 과정에서 심리학의 범위를 한층 확장시켰다. 빅터 프랭클은 오스트리아 빈에서 정신의료 분야에 종사하며 '실존 분석'을 주장한 유력 인사였다. 그가 수용소 경험을 토대로 완성했던 '로고테라피(의미 치료, 사람들이 스스로 살아가는 의미를 찾아내도록 돕는 심리치료 방법-옮긴이)'도 의학자로 일하던 당시에 (완전하진 않지만) 이미 틀을 갖추었으리라 생각된다. 조숙한 천재였던 그는 17세 때 프로이트의 정신분석에 관심을 보이기 시작했지만 즉시 그 환원주의에서 벗어났다. 이후 아들러에 주목했고 최종적으로 자신의 체계를 만들어냈다.

| 인생의 의미를 찾아내는 힘

빅터 프랭클은 처음 가족들과 함께 테레지엔슈타트 강제수용소에 수감되었다. 아버지는 거기서 사망했고, 어머니와 아내는 이내 다른 수용소로 이송되어 사망했다. 그 후 그는 악명 높은 아우슈비츠를 거쳐 며칠 만에 또 다른 수용소로 옮겨졌고 나치 독일이 패전한 후 풀려났다. 강제수용소는 희망과 절망이 뒤섞인 곳이었다. '다음 크리스마스에는 풀려난다'라는 소문이 퍼져 수감자들의 마음을 흔들기도 했다. 하지만 모두 간절한 소원이 만들어낸 헛소문에 불과했고 그 사실을 알고서 낙담해 죽는 사람도 있었다. 한편, 그는 어떤 상황에서든 즐거움을 찾아내는 사람이 있다는 것을 깨달았다. 그리고 어떤 상황에서나 인생의 의미를 찾아내는 것이 살아가는 데 중요하다는 생각게 이르렀다.

강제수용소 체험 보고는 수두룩하지만 빅터 프랭클은 자신의 경험을 심리학의 관점에서 해석하는 것을 목표로 했기 때문에 다른 보고와 다른 인류사적 과실을 얻을 수 있었다. 이렇게 인간의 존재와 현실의 의미를 탐구하는 것은 20세기 전반의 지배적인 사상이었으며, 실존주의는 그런 경향의 중심이 되었다.

| '나만 할 수 있는 일'을 묻다

빅터 프랭클은 수용소에서 생활하는 동안 삶의 의미를 강제로 물어보아야 할 때가 많았다고 말한다. '나는 무엇을 위해 사는가?'라는 질문의 대답을 찾지 못하면 절망에 빠질 수밖에 없었기 때문이다. 하지만 프랭클은 '무엇을 위해 사는가'가 아니라 '당신의 삶이 당신에게 기대하는 것은 무엇인가'를 물어야 한다고 말한다. 즉 '내 인생은 무엇을 위해 존재하는가'보다 '내가 사는 것은 나만 할 수 있는 일이 있어서가 아닐까?'라고 자문해봐야 한다는 것이다. 수용소 밖에서 자식이 기다리는 사람도 있을 것이고, 특정 분야의 전문가여서 현재 진행 중인 일을 완수할 사람이 자신밖에 없는 경우도 있을 것이다. 누구도 대신할 수 없는 나의 의미, 내게 걸린 기대를 상상해야 한다고 그는 전한다.

많은 사람들이 '나는 무엇을 위해 살고 있는가?'라는 질문을 듣자마자 "아무 희망도 없다"라고 너무 쉽게 대답한다. 하지만 프랭클에 따르면 질문 자체가 잘못되었다.

롤러코스터를 탔을 때 '나는 무엇을 위해 살고 있는가?'라고 묻는 사람은 없다. 기복이 없는 평화로운 21세기의 하루 속에서 오히려 '나는 무엇을 위해 살고 있는가?'라고 묻고 절망하는 사람들이 존재한다. '나만 할 수 있는 일은 무엇인가?'라는 질문이 세상에 가져올 가능성을 생각해야 할 때다. 이 책은 그것을 깨닫게 해주는 심리학 분야의 최고 명저다.

21.
목표로부터
한 번 멀어지기의 중요성

BOOK 《**사회과학에서의 장이론**Field Theory in Social Science》, **쿠르트 레빈**Kurt Zadek Lewin(원서 1951)

독일 사회학자 쿠르트 레빈이 쓴 《사회과학에서의 장이론》은 '게슈탈트 심리학 개념의 총정리'라고 부르는 책이다. 게슈탈트 심리학 이론은 개별 요소가 아니라 전체 구조가 중요하다는 것이 핵심이다. 레빈은 게슈탈트 심리학을 이끈 여러 심리학자들 중에서도 가장 젊은 축에 속한다.

레빈이 특히 관심을 보인 분야는 발달과 사회 영역이었

다. 인간의 행동과 집단의 행동을 효율적으로 설명하고 예측할 수 있는 이론을 제시한 것이 이 책의 두드러진 성과다.

쿠르트 레빈은 심리학, 사회심리학 그리고 커뮤니케이션학의 위대한 학자이자 거장으로 평가받는다. 실제로 그는 심리학자로 잘 알려졌지만 커뮤니케이션 연구에도 크게 이바지했다.

그는 장이론과 집단역학의 개념을 통해 커뮤니케이션 이론과 연구에 큰 영향을 미쳤다. 우리가 친숙하게 알고 있는 자이가르닉 효과Zeigarnik effect, 인지균형 이론Cognitive consistency theory, 게이트키핑Gatekeeping 개념은 모두 그에게서 비롯된 것이다.

레빈은 1947년 2월 12일, 연구실에서 퇴근한 후 매사추세츠 자택에서 56세의 나이로 사망했다. 사인은 심장마비였고 과로와 심적인 부담이 원인으로 보인다. 그의 수제자로 인지부조화 이론을 발표한 레온 페스팅거는 이런 말을 남겼다.

"현대 사회심리학의 95퍼센트는 쿠르트 레빈의 것이다."

| 게슈탈트 개념의 시작

어떤 일에 숙달되기 위해서는 꾸준한 연습이 필요하다. 이때 어느 한 부분을 고치려고 하면 다른 부분이 어긋나는 경험을 누구나 해보았을 것이다. 예를 들어 골프 스윙 연습을 생각해보자. 손목을 의식하면 허리보다 손목이 먼저 움직여서 자세가 흐트러진다. 왕도는 스윙의 전체 구조를 정확하게 파악하고 그 구조를 실현하는 것이다. 만약 거기에 이르는 과정을 일련의 흐름으로서 체득할 수만 있다면 스윙의 달인이 될 것이다.

이렇게 개별 요소가 아니라 전체 구조가 중요하다는 것이 게슈탈트 심리학의 요지다. 이 이론을 주장한 중요한 인물로 다섯 명을 꼽는데 여기서는 대표적으로 가장 젊은 쿠르트 레빈의 책을 예로 들고자 한다. 독일어 게슈탈트는 '전체'나 '형태'를 뜻하는데 사람들에게 가장 친숙한 말은 아마도 '게슈탈트 붕괴Gestaltzerfall'일 것이다.

게슈탈트 붕괴 현상을 간단히 체험해보고 싶다면 '문자의 게슈탈트 붕괴'로 얼마든지 가능하다. 똑같은 문자를 오래 주시하면 각 부분이 여기저기 흩어져 보이면서 순간적으로 무슨 글자였는지 알 수 없게 된다. 한자든 한글이든, 어떤 글자든 상관없다. 직접 써보고 체험할 것을 권한다. 아래에 짧게 예를 들어본다.

休休休休休休休休休休休休休休休休休休休休休休休
休休休休休休休休休休休休休休休休休休休休休休休

    인간 심리에서 게슈탈트의 중요성을 최초로 주장한 인물은 19세기 말 오스트리아 철학자 크리스찬 폰 에렌펠스 Christian von Ehrenfels다. 그는 인간이 경험하는 특정한 현상이나 대상은 이를 구성하는 요소의 총계가 아니라고 주장했다. 전체란 부분의 합 이상의 것이며 이것이 곧 게슈탈트를 의미한다는 이야기다.

    예를 들면 '학교 종'이라는 노래의 멜로디는 '솔솔라라 솔솔미 솔솔 미미레'라는 음계로 이루어져 있다. 각각의 음이 이 노래를 구성하는 요소다. 하지만 이 음표들을 각각 개별로 듣고 이해하는 것은 멜로디 전체를 이해하는 것과는 다르다. 또한, 이 음들을 한 번에 연주하더라도 박자와 리듬 없이 연달아 치면 '학교 종'이라는 노래로 인식되지 않는다. 반면에 이 노래를 조옮김하여 연주하면 음계 자체는 달라지더라도 똑같은 질의 멜로디를 만들 수 있다. 예를 들어 '도도레레 도도라 도도 라라솔'이라고 치면 음이 더 높아지만 전체적으로는 동일한 멜로디로 들린다.

이런 게슈탈트 개념은 심리학과 어떤 관계가 있을까? 이 개념은 여러 심리학자들의 노력으로 지각심리학에 도입되었다. 먼저 막스 베르트하이머Max Wertheimer는 에렌펠스의 아이디어를 토대로 구체적인 실험 및 시각 연구를 수행해 게슈탈트 심리학에 불을 붙였고, 이를 볼프강 쾰러와 쿠르트 코프카Kurt Koffka가 뒷받침했다. 또한 젊은 레빈이 뒤따라서 연구를 활발히 진척시켰다. 참고로 에렌펠스 외 네 명은 훗날 나치 독일의 횡포를 피해 미국으로 이주했다.

| 행동의 게슈탈트

베르트하이머는 법학을 공부한 후 심리학으로 분야를 바꾸었다. 이후 프랑크푸르트대에서 일자리를 구한 후 운동지각에 대한 획기적인 논문 〈운동시각에 대한 실험적 연구Experimental Studies on Motion Vision〉를 발표했다(1912).

어둠 속에 두 개의 램프가 나란히 놓여 있다. 일정하고 짧은 간격으로 두 개의 램프에 번갈아 불이 들어오면 우리 눈에는 하나의 불빛이 좌우를 왔다 갔다 이동하는 것처럼 보인다. 실제로는 빛이 움직이는 것이 아니라 서로 다른 위치의 램프에 불이 들어오는 것이다. 만약 한쪽 램프를 가려서 안 보이게 만들면 나머지 램프 하나가 깜빡깜빡 점멸할 뿐이다. 이것을 우리 눈과 뇌는 이동하는 빛으로 인식한다.

이것이 베르트하이머가 고안한 '가현운동' 실험이다. 그는 지각 현상에 관한 다양한 실험을 바탕으로 "인간의 심적 활동은 부분적인 인지의 합으로 이루어질 수 없으며 언제나 전체를 봄으로써 전체에 의해서 규정된다"라고 주장했다.

베르트하이머는 지각 현상을 넘어 사고와 발상의 문제에까지 관심을 넓혔다. 그의 사망 후에 출간된 《생산적 사고Productive Thinking》(1945)에서는 인간의 사고를 생산적 사고Productive thinking와 재생적 사고Reproductive thinking로 나눌 것을 제안한다. 생산적 사고는 제시된 질문에 새로운 답을 스스로 창조하여 해결하는 것을 목표로 하는 사고이고, 재생적 사고는 어떤 질문에 과거의 경험을 근거로 해답을 생각해 해결하는 사고다. 다시 말해 생산적 사고는 문제의 밑바탕에 있는 구조를 파악해 해결 방법을 찾아내는 것이고 재생적 사고는 자신의 습관이나 경험을 근거로 해결 방법을 찾아내는 것이다. 재생적 사고는 과거의 경험을 토대로 삼기 때문에 경험이 많이 쌓일수록 정확한 해결 방법에 근접할 수 있다. 하지만 경험이 빈약하여 거기서 해답을 끌어내기 힘들 때는 곧바로 난관에 부딪히게 된다.

| 게슈탈트 심리학의 발전

30대의 베르트하이머와 함께 게슈탈트 심리학을 전개한 인물은 그보다 어린 코프카와 쾰러였다. 코프카는 인간은 복잡해 보이는 외부 자극을 단순하고 명쾌한 방향으로 지각하려는 경향이 있다고 주장했다. 이를 '단순성의 법칙'이라고 한다.

쾰러는 학습 영역에서 게슈탈트 심리학에 근거한 새로운 학설을 주장했다. 당시는 행동주의가 힘을 얻기 시작한 무렵으로, 그 배경에는 요소주의(의식은 요소로 구성되어 있으며 그 요소들의 결합에 의해 모든 심리 현상이 구성된다는 견해-옮긴이)와 연합주의(의식의 요소들이 연합과정을 통해 결합되며 사람의 행동은 자극과 반응의 연결로 이루어진다는 주장-옮긴이)가 있었다. 쾰러는 행동주의의 영향을 받지 않고 1913년부터 아프리카 카나리아제도의 테네리페섬에 있는 유인원연구소에서 실험과 연구에 몰두했다.

여기서 그는 침팬지를 대상으로 중요한 실험을 수행했다. 침팬지의 손이 닿지 않는 높은 천장에 바나나를 매달면 침팬지는 필사적으로 점프해 바나나를 잡으려 하지만 손이 닿지 않는다. 이때 나무상자가 주변에 있다면 어떻게 될까? 침팬지는 우리 속을 살핀 후 어떤 생각에 골몰한 듯 잠시 머뭇거리다가 이윽고 나무상자를 옮긴다. 그리고 상자를 발판 삼아 바나나를 손에 넣는다.

행동주의적 학습 이론에서 보면 침팬지의 이런 행위를 설명할 수 없다. 침팬지가 시행착오를 거쳐 우연히 답을 발견한 것도 아니고, 자극 반응에 따라 조건을 형성한 것도 아니기 때문이다. 나무상자를 가지러 가려면 먹이에서 멀리 떨어져야 한다. 먹이를 손에 넣기 위해 우회적 행위를 한다는 것은 자신이 하는 행위의 목적을 전체적으로 구조화해야만 가능하다. 해결해야 하는 문제(바나나를 손에 넣는 것)를 구조화한 후 멀리 돌아가더라도 목적을 이루는 과정을 쾰러는 '통찰 학습'이라고 불렀다.

도구의 사용이라는 의미에서도 침팬지의 행동은 흥미롭다. 나무상자를 발판으로 이용하는 것은 이 도구를 원래 용도와는 다른 방식으로 이용한 셈이다. 특정 사물을 다른 사물로 '간주해' 일을 해내려면 기호를 성립시켜야 한다.

그의 연구는 《유인원의 지성Mentality of Apes》이라는 책으로 출간되었다. 이 책은 널리 읽혀 인지학습 분야의 고전이 되었고, 레프 비고츠키 등의 심리학자에게도 영향을 끼쳤다.

| 장의 게슈탈트

게슈탈트 심리학 분야에서 가장 젊은 축에 속하는 레빈도 전체 구조에 관심을 가졌다. 특히 그가 관심을 보인 것은 발달과 사회 영역이었다.

레빈이 베르트하이머를 포함한 세 명과 함께 연구한 것은 1930년대였다. 레빈은 물리학의 장이론을 심리학에 도입해 '삶의 공간Life space과 장이론Field theory'을 고안했다. 인간은 특정 목표를 추구하려는 긴장에 의해 행동한다는 것이 이 이론의 핵심이다. 여기서 그는 '체험을 통해 구조화되는 공간'에 주목했고 이를 삶의 공간이라 규정했다. 인간의 행동을 이해하고 예측하려면 저마다의 삶의 공간, 즉 심리적 환경에서 일어나는 일 전체를 보아야 한다고 그는 설명했다.

독일에 살던 시절 레빈은 아동 연구를 했다. 그중 유명한 실험이 영상으로 남아 있는데 나는 여기에 '한나는 아무리 해도 돌에 앉을 수 없어!'라고 제목을 붙여보았다(유튜브에서도 이 흑백 영상을 찾아볼 수 있다. https://www.youtube.com/watch?v=BeS9R4wLcgY).

눈앞의 돌에 앉는 것은 자연스러운 동작이며 성인이라면 매우 평범하게 할 수 있는 행위다. 그런데 특정 시기의 아이에게는 이것이 결코 만만치가 않다. 앉아야 할 돌에 등을 돌리는 행위가 어려운 것이다. 생후 19개월인 한나는 자신의 무릎보다 낮은 돌에 앉으려고 한다. 먼저 몸을 앞쪽으로 구부려 돌 위에 양손을 짚지만 아무리 해도 앉을 수가 없다. 돌을 향해 엎드린 채로 한쪽 다리를 열심히 들어보아도 소용이 없다. 두 손을 짚고서 돌 쪽으로 가려고 하다 보니 결과적으로 돌을 중심으로 빙글빙글 돌게 된다.

아기에게는 이런 행위가 왜 어려울까? 돌에 앉으려면 목표물인 돌에서 등을 돌려 시선을 떼고 앉아야 한다는 것을 모르기 때문이다. 낑낑대는 한나를 보던 세 살짜리 남자아이가 시범을 보이지만 한나는 전혀 감을 잡지 못한다. 여전히 엎드린 채 돌 주위를 계속 돌 뿐이다. 이 영상에서 레빈은 특정 시기의 아이들은 장 구조를 전체적으로 파악하기 어렵다는 사실을 보여준다.

레빈이 제시한 '장의 게슈탈트'는 앞에서 말한 쾰러의 침팬지 실험과도 구조가 같다. 목표로부터 한 번 멀어지는 것이 중요하다는 뜻에서 이 두 장면은 일맥상통한다.

목표물만 계속 쳐다보면 장 구조가 보이지 않는 것은 한나만의 문제가 아니다. 성인인 우리에게도 흔한 일이다. 목표에 곧바로 돌진해 빙글빙글 도는 경험을 해본 적 있는가? 곰곰 생각해본다면 한나를 보면서 웃기 힘들 것이다. 문제의 게슈탈트를 파악하는 일은 우리 모두에게 중요하다.

이 책의 제목은 《사회과학에서의 장이론》이지만 인간 행동을 이해하기 위한 다양한 개념 구조 외에도, 레빈의 '시간적 전망'에 대한 정의가 실려 있다. 우리는 인생의 일정 시점에서 과거와 미래라는 시간적 전망을 하게 된다. 이때도 구조를 이해하는 것이 중요하다는 게슈탈트 심리학의 원리를 책은 흥미롭게 반영했다.

철학에서 시작된 게슈탈트의 이해는 지각심리학, 인지심리학, 사회심리학에 두루 영향을 미쳤으며 지금도 그 영향은 계속되고 있다.

22.
인간의 본성과 가능성을
새롭게 비추는 '인본주의 심리학'

BOOK 《**동기와 성격** Motivation and Personality》, 에이브러햄 매슬로

Abraham Harold Maslow(원서 1954)

《동기와 성격》은 인간 본성에 대한 희망론을 논리적이고 경험론적으로 체계화한 에이브럼 매슬로의 명저다. '건강해지는 책'이자 '심리학의 비타민'으로도 불린다.

이 책은 그의 학문적 성과를 집대성한 기록으로서 심리학, 교육학, 경영학, 사회과학 등 다양한 분야를 아우르며 현재까지 가장 많이 인용된 심리학의 고전으로 꼽힌다. 이 책

에서 그는 전통적인 행동주의적 심리실험과 프로이트의 정신분석학을 인본주의 관점에서 비판하고 인간의 동기를 전인적 시각에서 바라본다.

매슬로의 심리학은 제3의 심리학을 표방했다. 인본주의 심리학을 내세운 그는, 건강한 사람의 정신 상태를 이해해 더 나은 생활을 영위하도록 하는 심리학을 지향했다.

매슬로가 심리학에 기여한 중요한 공헌으로, 5층 피라미드로 표현한 욕구 단계설을 들 수 있다.《동기와 성격》에서는 이 이론을 완전한 형태로 제시하는데, 인간의 자아실현 욕구를 피라미드의 맨 꼭대기에 위치한 가장 높은 욕구라 설명한다. 그의 생각 밑바탕에는 '동기부여'의 개념이 있다. 매슬로는 다양한 학설을 비판하면서도 장점을 찾아내 정리하고자 했다.

에이브러햄 매슬로는 인간 본성을 새로운 관점에서 바라봄으로써 인본주의 심리학과 트랜스퍼스널 심리학이라는 현대 심리학의 두 분야를 개척했다.

| 더 나은 생활을 위한 심리학

매슬로의 《동기와 성격》은 '건강해지는 책'이자 '심리학의 비타민'으로 불린다. 심리학에 관심이 있다면 호불호와 상관없이 한 번은 매슬로의 책을 읽어볼 것을 권한다. 매슬로의 자아실현 이론은 경영학이나 마케팅 이론에도 중요한 영향을 미쳤기 때문에 다양한 분야에서 필독서로 꼽힌다.

과학적 심리학을 표방하는 행동주의, 그리고 신경증 치료를 통해 인간을 이해하려는 정신분석. 1950년대는 이 두 가지 심리학이 석권한 시기였다. 여기에 매슬로의 심리학은 제3의 심리학을 표방했다. 인본주의 심리학을 내세운 그는 건강한 사람의 정신 상태를 이해해 더 나은 생활을 영위하도록 하는 심리학을 지향했다. 최근 셀리그만이 긍정심리학을 주도하고 있는데 그보다 훨씬 전부터 인간의 긍정적 측면에 주목한 인물이 매슬로다.

매슬로는 앞서 다룬 게슈탈트 심리학에서 지대한 영향을 받았다. 《동기와 성격》의 '감사의 말'에 베르트하이머와 코프카의 이름을 언급한 데서 그 사실을 확인할 수 있다. 물론 매슬로의 견해는 게슈탈트 심리학과 명확히 구분되며, 행동주

의나 정신분석과도 결이 다르다는 점에서 제3의 심리학이라
할 수 있다.

| 피라미드형 욕구 단계

매슬로는 인간의 욕구를 5단계로 나누어 설명한 이론으
로 유명하다. 그의 생각 밑바탕에는 '동기부여'의 개념이 있
다. 매슬로의 욕구 단계 이론hierarchy of needs에서 니즈Needs는
보통 '필요'나 '욕구'로 번역되지만 원래 의미는 '결핍'이다.
다양한 종류의 결핍들이 인간의 행동에 동기를 부여한다는
뜻이다.

여기서 그 기반은 호메오스타시스Homeostasis라는 개념이
다. 호메오스타시스는 '항상성'이라고 번역되곤 하는데 생물
이나 광물이 그 내부 환경을 일정한 상태로 유지하려는 경향
을 뜻한다. 모든 욕구가 그런 것은 아니지만, 식욕 등은 항상
성을 유지하려는 욕구에 해당한다. 매슬로의 이론에서 생리
적 욕구는 가장 우세한 만큼 원초적이고도 중요한 욕구라고
말한다. 사람은 생리적 욕구가 충족되면 다음으로 안전 욕구
를 채우려 한다. 그다음으로 소속과 애정의 욕구, 존경의 욕

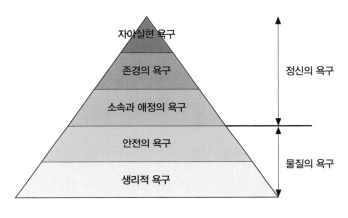

매슬로의 욕구 5단계 이론

구, 마지막으로 자아실현 욕구가 이어진다. 이 다섯 가지 욕구는 아래쪽으로 내려갈수록 넓어지는 피라미드형 도식으로 나타낼 수 있다.

매슬로는 자신의 동기부여 이론이 첫째, 윌리엄 제임스나 존 듀이가 주장한 기능주의 흐름 속에 있고 둘째, 베르트하이머 등이 주장한 게슈탈트 심리학의 전체론에 부합하며 지그문트 프로이트, 에리히 프롬, 칼 융 등의 정신역학(역동론)과도 접점이 있다고 설명했다.

매슬로는 다양한 학설을 비판하면서도 장점을 찾아내 정리하는 자세를 보였다. 또한, 그렇게 만들어진 생각은 칼 로저스의 사상과 호응해, 생물로서의 인간이 아니라 사회 속에서 시간적 전망을 하며 살아가는 '사회적 인간'의 심리학을 구축했고 인본주의 심리학의 핵심을 만들었다.

| 자아실현을 이뤄낸 사람들

동기부여는 부족한 것을 충족한다는 개념이지만 매슬로는 성숙이나 성장을 위한 동기부여도 있을 것이라고 말했다. 그런 의미에서 매슬로가 중시한 것은 자아실현이다. 이 개념은 원래 신경학자이자 정신의학자인 쿠르트 골드슈타인Kurt Goldstein이 처음 사용했는데, 매슬로는 이를 욕구 단계와 관련지어 한층 발전시켰다.

그에 따르면 자아실현을 이루는 데 성공한 사람은 자신의 재능과 가능성을 살려 최선을 다한 사람들이다. 매슬로가 자아실현을 이루었다고 인정한 인물은 미국의 제3대 대통령 제퍼슨Thomas Jefferson과 제16대 대통령 링컨Abraham Lincoln뿐이다. 아인슈타인이나 스피노자Baruch de Spinoza 등 여섯 명은 '매우 가능성 있는 사람', 베토벤Ludwig van Beethoven과 프로이트 등 일곱 명은 '결점은 있지만 연구에 인용할 수 있는 사람'으로 평가했다.

너무도 까다로운 기준에 '그럼 매슬로 당신은 어디에 해당하는가?'라고 묻고 싶어진다. 하지만 무엇보다도 매슬로가 자아실현에 얼마나 높은 가치를 두었는지를 확인할 수 있는 대목이다.

| 심리학의 비타민

다음은 《동기와 성격》에서 인용한 구절이다.

- 정확성, 세련됨, 기술, 장치 등을 당연한 것으로 강조하면 문제나 창조성이 가진 의의와 중요성을 종종 경시하게 된다.
- 아무리 시시한 실험일지라도 방법론적으로 보고 만족하는 실험은 거의 비판받지 않는다.
- 박사 과정이 목표인 사람은 전문 영역의 기술을 알고 그 분야에서 지금까지 축적한 데이터를 이해해야 한다. 그 결과, 확실히 창조력이 부족한 사람들이 과학자가 된다.

매슬로가 방법론을 낮게 평가한 것은 아니다. 다만 과학과 심리학에서 수단과 목적이 뒤바뀌는 경향을 염려했다. 매슬로는 학자들 중에도 수단 중심적인 사람과 문제해결을 지향하는 사람이 있음을 암시했다. 그중 수단 중심적인 성향은 과학의 영역을 편협하게 만들 위험이 있다며 우려를 나타냈다.

프로이트도 같은 맥락의 이야기를 남긴 바 있다. 그는 안경을 닦는 데만 열중할 뿐 안경으로 사물을 보는 것을 잊어버린 사람이 있다고 비유를 들었다. 심리학 연구를 가리켜, 어두운 밤에 물건을 떨어뜨렸는데 가로등 아래 밝은 곳만 찾아다니는 것과 같다고 꼬집는 경우도 있다. 또 어떤 이들은 심리학이 공부하기 전에는 희망, 공부한 후에는 절망을 주는 학문이라고 말하기도 한다.

이 책은 심리학에 절망한 사람에게 동기를 부여하는 것이 목표였는지도 모른다. 그러니까 뭔가를 설명하는 것이 목적이 아니라, 이 책을 읽은 사람이 동기를 부여받아 행동하도록 만드는 것이 목적이었던 것으로 보인다. 이 책을 '심리학의 비타민'이라고 부르는 이유도 그 때문일 것이다.

23.
세상을 매료한
'인지부조화 이론'

BOOK 《**예언이 끝났을 때** When Prophecy Fails》, 레온 페스팅거 Leon
Festinger(원저 1956)

이 책은 어느 종교 집단의 종말론에서 시작되었다. 거대
한 홍수가 발생하고 자신들은 외계에서 온 존재가 안전하게
구출할 것이라고 예언했던 종교 집단을 내부에서 직접 관찰
한 기록이다. 광신도들이 예언한 그날이 되었지만 아무 일도
일어나지 않았다. 그런데도 그들은 믿음을 버리지 않는다.
오히려 더 많은 사람에게 자신들을 알리려 한다.

페스팅거는 이 집단이 보여주는 심리와 행동 변화를 관찰하고서 인지부조화 이론을 주창했다. 페스팅거가 말한 인지부조화 현상은 연구가 진행되던 1950년대의 미국뿐만 아니라 바로 지금 전 세계에서 얼마든지 목격할 수 있다.

애초에 페스팅거는 사회심리학의 모호한 특성과 측정의 어려움 때문에 사회심리학보다 양적 연구나 실험실 연구에 더 관심이 있었다. 하지만 스승 쿠르트 레빈과 함께 연구를 진행하면서 집단 내에서 사람들이 가지는 태도, 관계, 역학을 발견하고 사회심리학 이론의 양대산맥으로 불리는 인지부조화 이론과 사회비교 이론을 연구했다.

사회심리학 영역에 실험심리학을 도입한 페스팅거는 '사회심리학의 대부'로 불렸지만 1968년부터는 안구운동, 색채지각을 비롯한 시각 체계를 연구했다. 말년에는 고고학, 역사에까지 관심을 확장했다. 20세기에 전 세계적으로 스키너, 피아제, 프로이트, 반두라Albert Bandura에 이어 다섯 번째로 가장 많이 인용된 심리학자다.

| 종말 예언과 인지부조화 이론

레온 페스팅거는 앞서 다룬 게슈탈트 심리학자, 쿠르트 레빈의 제자다. 레빈이 매사추세츠 공과대학(MIT)에 집단역학 연구센터를 세울 무렵 페스팅거도 이곳으로 옮겨 사회심리학 연구를 본격적으로 진행했다. 그러다 1947년 레빈이 심장마비로 갑자기 사망하자 연구에 먹구름이 끼기 시작했다. 한동안은 버텼지만 결국 연구센터를 미시간대로 옮겼고 이때 페스팅거도 함께 이적했다. 이후 미네소타대를 거쳐 1954년에는 스탠퍼드대로 옮겼다.

그해에 미국에서는 유명한 종말론 소동이 일어났다. 시커스Seekers라는 종교 집단이 종말을 예언하여 수많은 사람들이 여기에 휩쓸렸다. 페스팅거는 이 사건을 모티브 삼아 1957년 핵심 이론인《인지부조화 이론》을 발표했다.

당시 사회심리학에 새로운 화두를 던진 인물로 프리츠 하이더Fritz Heider가 있었다. 그의 '균형 이론'에 따르면, 우리 내부에는 한 사람의 가치관이나 믿음을 언제나 동일하게 유지하고자 하는 일관성의 동기가 작동한다고 한다.

예를 들어 나는 고양이가 질색인데 내 연인은 고양이를

무척 좋아한다고 해보자. 그럼 나와 연인의 관계는 플러스, 연인과 고양이의 관계는 플러스, 나와 고양이의 관계는 마이너스가 되어 불안정한 상태가 된다. 이런 경우 나는 3자 관계에서 어떤 방향으로든 안정을 도모하고자 한다. '이 사람을 좋아하지만 데이트할 때마다 고양이 카페에 가는 건 더이상 못하겠다'라고 판단해 연인과의 관계를 마이너스로 조율(이별)할 수도 있고 '지금까지는 고양이가 싫었지만 연인과 더 가까워지기 위해 고양이도 한번 좋아해 봐야지'라고 판단해 나와 고양이의 관계를 플러스로 만들 수도 있다.

페스팅거의 인지부조화 이론은 사회심리학의 이런 새로운 흐름 속에 등장했다. 이 이론은 논리 자체의 매력과 다양한 실험을 만들어낼 수 있는 유연한 틀 덕분에 수많은 사회심리학자들을 단번에 사로잡았다. 전 세계에서 이 패러다임을 이용한 연구가 수없이 진행되었다.

| 예언이 틀렸어도 믿음은 계속된다

페스팅거가 연구 주제로 삼은 종교 집단 시커스는 키치라는 이름의 교주가 이끌고 있었다. 교주 키치는 자신이 하늘을 나는 원반과 교신했다면서, 1954년 12월 21일 대홍수가 일어나 이 세상이 끝난다고 예언했다. 다만, 선택받은 신자들은 원반을 타고서 구원을 받을 것이라고 말했다. 그가 종말론을 발표하자 신도의 숫자가 급증하기 시작했다. 이들은 생업을 팽개치고 모여서 기도에 매달렸으며 전 재산을 팔아 이 종교 단체에 기부하기도 했다. 물론 결과적으로 홍수는 일어나지 않았고 원반도 나타나지 않았다. 놀라운 것은 그 이후의 상황이다.

리더 키치는 굴하지 않고 "여러분의 기도로 지구 종말을 막을 수 있었다"라고 말했다. 그러자 극소수를 제외한 대부분의 신자들은 신앙을 버린 것이 아니라 오히려 강화했다. 그중에는 홍수나 원반을 믿지 않았는데도 신앙심을 더 강화하는 방향으로 돌변한 경우도 있었다고 한다.

이는 대부분의 신자가 여기에 이르기까지 이 종교에 큰 관여Commitment를 했기 때문이다. 재산을 쏟아 넣거나 집을 나오거나 학교와 직장을 그만둔 많은 사람들은 되돌아갈 수도 없었기에 자신에게 유리한 해석을 만들어냈다.

인간은 자신이 쌓은 신념에 일치하도록 정보를 선택하고 유리하게 해석한다. 즉 인지부조화를 피하는 것이다. 만약 외부에서 사회적인 개입을 하지 않는다면 내부의 사람들은 이 집단을 떠나지 못한다.

이 책의 연구는 '참여 관찰' 방법으로 진행되었다. 페스팅거는 동료들과 함께 시커스에 잠입하여 신도인 척 연기하면서 꾸준히 기록을 남겼다. 원래의 목적을 알리지 않고 연구하는 것은 윤리적 문제를 일으킬 수 있으나, 페스팅거의 연구와 같은 경우에는 어쩔 수 없는 방법이기도 하다.

| 심리학의 피카소

실험 사회심리학은 레빈과 페스팅거 덕분에 성립되었다는 말이 있을 정도로 심리학사에서 그의 역할은 지대하다. 그런데 페스팅거는 1964년 무렵부터 사회심리학에 대한 흥미와 관심을 잃고 지각심리학으로 완전히 선회했다. 페스팅거 생전에 그와 친분이 있었던 일본의 경제학자 우자와 히로후미宇沢弘文에 따르면 그 배경에는 놀라운 뒷이야기가 있었다고 한다. 아사히신문에 실린 그의 이야기 전문을 소개한다.

스탠퍼드에 있었을 때 집도 가까워 레온 페스팅거와 온 가족이 수시로 왕래했다. 페스팅거는 제2차 세계대전 후 '인지

부조화 이론'을 표방하고 혜성처럼 나타난 천재적인 사회심
리학자였다. 그는 미국 육군의 최고 심리학자로도 역할을
다했는데 자신의 이론이 베트남에서 잔혹한 형태로 응용되
었다는 사실을 알게 되었다. 그때 그는 곁에서 보기 안쓰러
울 정도로 깊은 고뇌에 빠졌다. 케네디 대통령이 암살당하고
존슨 대통령이 베트남전에 전면 개입한 지 얼마 지나지 않
은 어느 날, 페스팅거는 스탠퍼드대 캠퍼스에서 자취를 감
추었다. 매력적인 아내, 세 아이, 수많은 친구들, 스탠퍼드대
의 스타 교수 지위를 다 버리고 우리 시야에서 사라지고 말
았다.

베트남전이 끝나고 시간이 꽤 흐른 후 일본으로 돌아온 내
게 페스팅거로부터 편지 한 통이 도착했다. 그는 뉴욕의 뉴
스쿨 포 소셜 리서치(현재의 뉴스쿨대학)에 학생으로 입학해
문화인류학을 전공하고 젊은 여성과 재혼해 새로운 인생길
을 걷고 있으며 현재는 거기서 교수 생활 중이라고 했다. 몇
년 후 페스팅거의 부고 소식을 들었다. 그의 카프카적 전신
은 지금도 내 마음속에 묵직하게 남아 있다.

- <아사히신문>, 2010년 5월 7일

페스팅거 같은 사람이 왜 자신의 사회심리학 업적을 모

두 버렸을까? 우자와는 인지부조화 이론이 미군에게 이용되었기 때문이라고 밝혔지만 그의 말이 사실이라는 확증은 얻지 못했다. 하지만 진실을 암시하는 자료는 존재한다.

1989년 페스팅거가 사망했을 때 그의 제자 로버트 자욘스Robert Zajonc는 페스팅거를 '심리학의 피카소'였다고 일컬었다. 이 호칭에는 단순한 칭송을 넘어선 더 깊이 함축된 의미가 있었으리라 추측한다. '피카소'라는 표현은 단순한 혁신자에게는 어울리지 않는 칭호다. 피카소의 대표작 〈게르니카Guernica〉(에스파냐 내란을 주제로 전쟁의 비극성을 표현한 작품-옮긴이)에서 볼 수 있는 반전사상과도 연관이 있는 표현이리라 생각한다.

언젠가 심리학사에서 페스팅거의 삶을 명확히 드러내는 날이 온다면 전쟁과 학문, 학문과 사회의 관계를 고찰할 새로운 기회가 열릴 것이다. 페스팅거와 마주할 그날을 기대해 본다.

24.
평범한 얼굴을 한
악에 대하여

BOOK 《**권위에 대한 복종**Obedience to Authority》, **스탠리 밀그램**
Stanley Milgram(1974)

50여 년 전 사회과학자 스탠리 밀그램이 수행한 유명한 실험에 관한 책이다. 책 속의 실험은 인간이 어떻게 권위에 복종하는지를 보여준다. 세월이 흘렀지만 전쟁과 테러리즘이 만연한 이 시대에도 시의성 있는 질문을 던지는 책이다.

만약 권위자의 지시로 집단이 부도덕한 행동을 하게 된다면 책임은 지시를 내린 사람에게만 있는 것일까? 복종과 양심이 서로 충돌할 경우, 개인은 과연 도덕적 판단에 따라 권위에 대한 불복종을 고수할 수 있을까? 밀그램은 책에서 이 질문에 대한 답을 내놓는다.

밀그램의 복종 실험은 인간이 행동할 때는 내면에 있는 선악의 본성에 따른다기보다 자신이 처한 상황에 영향을 받는다는 것을 보여준다. 그렇기에 평범한 사람도 때로는 사회적 압력에 따라 비인간적인 행위를 하게 될 수 있다.

파장을 일으킨 이 실험으로 밀그램은 널리 이름을 알렸고 그의 실험은 이후 여러 심리실험의 원형이 되었다. 밀그램은 뉴욕시립대학 대학원에서 종신교수직을 제의받고 수락했으며, 프린스턴대학교에서 솔로몬 애시S. Asch와 함께 사회 동조성과 관련된 여러 가지 실험을 진행했다.

이 밖에도 밀그램은 세상의 모든 사람은 여섯 명만 거치면 모두 어떤 관계로든 얽혀 있다는 6단계 분리법칙 같은 독특한 이론을 발표하기도 했다.

| 솔로몬 애쉬의 집단 압력 실험

　제2차 세계대전 이후 심리학의 특징은 사회문제를 해결
하고 시책을 논의하기 위해 활발한 연구활동을 전개했다는
것이다. 그런 사회심리학에서 중심은 독일에서 망명한 심리
학자 레빈이었다. 그는 MIT에 집단역학 연구센터를 만들고
그곳을 거점으로 활약했다.

　그밖에도 솔로몬 애쉬의 집단 압력과 동조성 연구(1956),
스탠리 밀그램의 복종 연구(1963), 필립 짐바르도^{Philip George}
^{Zimbardo}의 감옥 실험(1971) 등은 일반 상식으로 예측하기 힘
든 뜻밖의 결과를 끌어내 인간성에 대한 새롭고도 깊은 통찰
을 불러왔다. 이런 연구들은 인간이 너무나도 간단히 집단이
나 명령에 굴복하고 타인에게 잔혹해질 수 있음을 여실히 보
여주었다.

　애쉬는 피실험자 여덟 명을 한 팀으로 만들어 선의 길이
를 판단하는 과제를 주었다. 다음 페이지 그림을 보자. 왼쪽의
표준자극(감각, 지각 실험에서 표준이 되는 자극-옮긴이)을 제시
한 후 오른쪽의 세 막대 중 표준자극과 똑같은 길이의 막대
를 고르게 했다. 왼쪽과 길이가 똑같은 막대는 어느 것일까?

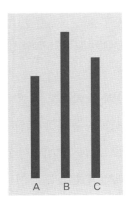

애쉬의 실험

모두 C라고 생각할 것이다. 하지만 실험 참가자는 A라고 답한다. 그렇게 답을 말하게 되는 과정은 다음과 같다. 여덟 명 중 일곱 명은 바람잡이여서 사전에 협의가 되어 있다. 처음 두 번은 모두 정답(실제로 길이가 같은 막대, 위 그림의 경우 C)을 선택하지만 세 번째 이후에는 만장일치로 오답을 선택한다. 이렇게 일곱 명이 하나같이 특정한 답을 고르면 나머지 한 명은 그 영향을 받아서 속으로는 아니라고 생각하면서도 타인과 똑같은 답을 말한다. 그렇게 말할 확률은 무려 3분의 2에 해당했다. 이 실험의 목적은 사실을 지각하여 보고하는 데 사회적 영향이 작용하는지 알아보는 것이었다.

이런 실험은 목적이나 실험자의 의도를 참가자에게 미리 알리면 실험의 의미가 사라진다. 그래서 애쉬는 피험자가 집단 압력에 노출되어 과제를 수행한 직후 인터뷰를 진행해 실험의 목적을 곧바로 알렸다. 그는 이 마지막 인터뷰를 단순히 정보를 청취하는 수단이 아니라 실험 전체의 통합 과정으로서 중시했다.

스탠리 밀그램은 프린스턴대에서 애쉬의 연구 조수 역할을 했다. 애쉬에게 배우면서 그의 실험에 영향을 받았지만 한편으로 불만도 있었다. 애쉬의 실험에서는 종속변수가 막대의 길이 선택이라는 점에서 사회적 현실성이 결여되어 있었기 때문이다. 이후 밀그램은 애쉬의 실험과 성격은 유사하지만 훨씬 더 현실적인 교실 현장을 실험 무대로 설정해 의미 있는 성과를 끌어냈다.

| 권위에 대한 복종 실험

《권위에 대한 복종》서두에서 밀그램은 사회 구조 속에서 복종은 기본 요소라고 주장했다. 사회에서는 특정 권위 구조가 필연적이다. 위에서 명령을 내렸을 때 선택은 복종과 반항 두 가지뿐이다. 나치의 홀로코스트 같은 정책이 실행되려면 대량의 복종이 필요하고 그것이 큰 역할을 한다고 그는 지적한다.

복종은 흔히 미덕으로 평가받는다. 하지만 무조건적인 복종은 때로 양심에 반하는 행동이나 부도덕한 행동의 원인이 된다. 만약 권위자의 지시로 집단이 부도덕한 행동을 하게 된다면 책임은 지시를 내린 사람에게만 있는 것일까? 복종과 양심이 서로 충돌할 경우, 개인은 과연 도덕적 판단에 따라 권위에 대한 불복종을 고수할 수 있을까? 심리학자라면 이런 논의에 대해 실증적인 연구를 하고 싶게 마련이라고 밀그램은 말한다. 실제로 그는 권위와 복종에 대한, 심리학사상 가장 큰 파장을 일으킨 실험에 착수했다.

그는 '체벌이 학습효과에 미치는 영향을 측정하는 실험'이라는 명목으로 실험 참가자들을 모집했다. 그들을 교사와 학생 역할로 나눈 다음 학생 역할의 사람에게 가짜 전기충격 장치를 달았다. 그리고 교사 역할의 피실험자에게는 옆방의 학생이 문제를 틀릴 때마다 더 센 전기 충격을 가하도록 주문했다. 사실 이 학생 역할은 실험 관계자였고 전기 충격을 시도할 때마다 비명을 지르도록 미리 훈련을 받은 상태였다.

"핵심은 참가자가 어디까지 실험자의 지시를 따를 것인

가, 어느 지점에서 요구된 행동을 거절하는가다"라고 밀그램은 말했다. 전압은 30단계로 조절할 수 있었다. 15볼트는 가벼운 통증을 느끼게 하는 수준이지만 최고 단계인 450볼트면 순식간에 감전사를 일으킬 수도 있다. 학생이 문제를 자꾸만 틀릴 때마다 실험을 주관하는 교수는 전압을 점점 더 높이라고 옆에서 반복하여 지시한다. 그는 이렇게 말한다.

"이 연구는 체벌을 가할 경우 사람의 학습 능력이 향상되는지를 알아보기 위한 것입니다. 학습자에게 가해지는 전기 충격은 최고 수준일 경우 사망할 수도 있습니다. 하지만 이 실험은 대학 측의 허락을 받았으며 참가자의 사망을 포함해 모든 책임은 제가 질 것입니다."

당신이라면 어떻게 할 것인가? 설마 치사량의 전기 충격을 타인에게 줄 수 있을까? 아무리 실험이라고 해도 상식적으로 그럴 수는 없다고 생각하는가? 실제로는 어땠을까?

| 악마는 평범하다

밀그램의 실험은 다양한 조건에서 이루어졌지만 여기서는 단순히 결과만을 말하도록 하겠다. 옆방의 목소리가 들리지 않는다는 조건인 경우, 실험 참가자 40명 중 26명(65퍼센트)이 치사량의 전기 충격을 주었다. 물론 전기충격기는 가짜였지만, 여기서 중요한 것은 실험 참가자들은 실제로 전기가 흐른다고 믿고서 실험이라는 틀 안에서 치사량의 전기 충격을 주었다는 사실이다. 이들은 비인간적인 명령에 대해 도덕적으로 우려를 표했지만, 명령 자체에는 복종했다는 것이 밀그램의 결론이다.

이 책이 출간되자 밀그램의 이름은 널리 알려졌고 그의 실험은 '아이히만 실험'이라고 불렸다. 아돌프 아이히만^{Adolf Eichmann}은 제2차 세계대전 당시 500만 명에 이르는 유럽 각지의 유대인들을 강제수용소로 이송한 최고 실무자였다. 종전 이후 재판정에 선 그의 평범하고도 왜소한 모습은 사람들에게 충격을 주었다. 재판 도중 아이히만은 자신이 국가의 명령에 따라 성실하게 맡은 역할을 수행했을 뿐이라고 증언했다. 밀그램은 이 재판을 동료들과 함께 방송으로 지켜보면서 "우리 모두 아이히만이 될 수 있다"라고 말했다고 한다.

한나 아렌트는 아이히만의 재판을 참관하고서 밀그램보다 앞서 《예루살렘의 아이히만》을 출간했다. 아렌트는 아이히만, 나아가 독일 군인들이 악인이라기보다 평범한 사람들이었음을 그려내며 '악의 평범함'을 주장해 비난을 받았다.

그런 의미에서 밀그램의 실험은 그야말로 악의 평범함을 입증해 보였다.

실험 전 밀그램이 여러 전문가와 의견을 나누었을 때 450볼트까지 전압을 올리는 경우는 0.1퍼센트가량 극소수일 것으로 예측했다. 하지만 실제로는 치사량의 전기 충격을 선택한 참가자는 무려 65퍼센트나 되었다. '권위에 대한 복종'과 '양심에 기반한 저항'이 대립하는 상황에서 심리학 교수 정도의 권위가 결국 승리했다.

| 복종 실험의 의미

밀그램의 실험은 윤리적으로 논란이 되었고 실제로 그는 미국심리학회로부터 한 해 동안 자격 정지를 당하기도 했다. 하지만 실험에 참가했던 사람들을 후에 설문조사한 결과, 84퍼센트가 실험 참가 경험을 긍정적으로 평가했고 후회한다고 답한 사람은 겨우 1퍼센트였다고 한다. 어떤 참가자는 나중에 밀그램에게 편지를 보내 양심적 병역 거부의 길을 선택할 수 있었다고 전하기도 했다.

찬반양론이 팽팽한 가운데 밀그램의 복종 실험은 실험

사회심리학의 큰 성과 중 하나로 평가받았다. 다만 이후의 실험에서는 연구 윤리의 기준이 대폭 강화되었고, 밀그램처럼 허위로 환경을 조성하는 극장형 실험은 더 이상 수행하기 어려워졌다.

밀그램의 실험은 인간이 행동할 때는(특히 사회적 행동) 내면에 있는 선악의 본성에 따른다기보다 자신이 처한 상황에 영향을 받는다는 것을 보여준다. 사회적 압력은 개인의 행동에 영향을 미친다고 보는 이런 견해는 제2차 세계대전 이후 사회심리학의 사상적 특징이기도 하다.

25.
잘 속는 심리학자의 제안

BOOK 《**설득의 심리학**^{Influence}》, **로버트 치알디니**^{Robert B. Cialdini}(원 저 1988)

애리조나 주립대학 마케팅학과 석좌교수 로버트 치알디니의 대표작이다. 치알디니는 사회심리학 분야에서 설득과 순응, 협상 분야의 전문가로 유명하며 베스트셀러《설득의 심리학》을 통해 세계적인 명성을 쌓았다.

이 책은 여섯 가지 설득 원칙이 중심을 이룬다. 이 원칙이 사회에서 담당하는 기능은 무엇일까? 설득을 잘하는 사람들이 타인에게 구매나 허락, 기부, 투표, 동의 등을 요청할 때 설득 원칙을 어떤 식으로 능숙하게 적용할까? 치알디니는 이 책에서 설득의 대가들이 상대방에게서 자발적이고도 무의식적인 복종을 이끌어내어 결국 '네'라는 대답을 듣는 과정을 들여다본다.

로버트 치알디니는 기업 기조연설 프로그램, 치알디니 공인 인증 트레이닝CMCT; Cialdini Method Certified Trainers을 고안해 구글, 마이크로소프트, 코카콜라 등 수많은 글로벌 기업 CEO와 사업가들에게 비즈니스 아이디어를 제시한 바 있다.

그가 쓴 《설득의 심리학》은 전 세계 26개국에 번역되어 400만 부 이상 판매되었다. 〈뉴욕타임스The New York Times〉, 〈월스트리트저널Wall Street Journal〉, 〈유에스에이 투데이USA Today〉의 베스트셀러, 〈포춘Fortune〉의 '가장 뛰어난 비즈니스서 75권'과 〈800 CEO 리드800 CEO Read〉 '꼭 읽어야 할 최고의 비즈니스서 100권'에 선정되었다.

| 권유의 전문가들을 연구하다

사회심리학자 로버트 치알디니의 대표작《설득의 심리학》은 초판이 나온 지 벌써 30년도 더 된 책이다. 하지만 여전히 많은 독자들의 사랑을 받으며 서가의 베스트셀러 코너에서 꾸준히 자리를 지키고 있다. 치알디니가 책에서 소개한 여섯 가지 설득의 원칙은 여러 분야의 학자들이 계속 검증하고자 시도할 정도로 이 책의 영향력은 지대하다.

치알디니는 자신의 연구가 '승낙 유도'에 관한 것이라고 말한다. 승낙 유도란, 내가 하는 말에 상대방이 '네'라고 답하게 하는 것이다. 그는 권유의 전문가들은 어떤 방식을 사용하는지 연구하기 위해 참여 관찰, 다시 말해 잠입 취재라는 방법을 시도했다. 백과사전 판매업체, 기부금 모금 조직, 자동차 영업소 등에 목적을 밝히지 않고 위장 취업을 한 다음 그들의 설득 방식을 몸소 체험하며 연구했다.

사람들은 꼭 사고 싶지 않았던 물건을 어떻게 사게 되는 걸까? 그 승낙을 얻어내는 기술을 치알디니는 다음의 여섯 가지 기본 원리로 정리했다.

상호성의 원리, 일관성의 원리, 사회적 증명의 원리, 호감의 원리, 권위의 원리, 희소성의 원리가 그것이다. 여기서는 각각의 원리에 대해 굳이 설명하지 않으려 한다. 짧게 설명하고 넘어가면 타인을 지배하는 기술을 나열하는 꼴이 되기 때문이다.

| 심리학은 악용될 수 있을까?

심리학자가 설득의 구조를 밝혔다고 하면 '악용되면 어떡하지? 큰일이네.' 하는 걱정이 밀려온다. 이는 비단 치알디니의 책에만 한정된 이야기가 아니다. 하지만 그런 걱정은 방향이 잘못되었다. 타인의 선한 의도를 악용하는 사람은 동서고금을 막론하고 어디에나 존재하며 항상 새로운 수법을 개발한다. 보이스 피싱이 대표적이다. 이 사기꾼들은 언제나 시대에 걸맞은 독자적이고 혁신적인 기술을 창조한다. 과거 지식의 산물일 뿐인 학자들(심리학자를 포함해)의 책에서 이들이 배울 것은 그리 많지 않을 것이다.

《설득의 심리학》에서 소개한 사례를 보면, 장난감 회사들이 크리스마스에 어떻게 장난감 품귀 현상을 일으켜 수익을 끌어올리는지를 상세히 설명한다. 이런 사례 역시 장난감 업체가 심리학의 성과를 응용한 것은 아닐 것이다. 거꾸로 그 구조를 해명하는 것이 사회심리학의 역할 중 하나다.

심리학책을 읽어야만 이런 것을 알 수 있는 사람은 책을 읽어도 실천하지 못할 가능성이 크다. 사실 새로운 생각, 게다가 올바른 생각은 사람들이 쉽게 받아들이질 않는다. 여러 심리학자들의 이론에서 그 근거를 찾을 수 있다.

앞서 소개했던 페스팅거의 인지부조화 이론이 말해주듯 인간은 자기 생각에 가까운 것만 선택적으로 받아들이는 경향이 있다. 또한 대니얼 카너먼이 말한 대로, 사람들은 평소 '빠른 생각'의 시스템에 따라서 깊이 생각하지 않고 그때까지 친숙했던 방향대로 서둘러 결론을 내린다. 그리고 윌리엄 제임스가 설명하듯이 쓸데없는 에너지를 사용하지 않도록 습관이라는 구조를 유지한다.

누군가는 지금까지 없었던 제품이나 서비스를 보급해 넓은 의미에서의 인류의 복지에 기여하고 싶다는 혁신적 생각을 할 수 있다. 그렇더라도 자신의 의견이나 생각을 남들에게 전달하려 적극적으로 노력하기란 쉽지 않다. 상대방을 설득한다는 것은, 그 사람이 고수하는 기존의 신념을 꺾어야 한다는 의미이기 때문이다. 그래서 설득의 기술 자체를 부정적으로 바라보는 경향이 있다.

한편으로 사람들은 훌륭한 물건이나 생각은 가만히 있어도 '잘 팔린다'고 여긴다. 만약 예상과 달리 결과가 좋지 않으면 낙담하거나 불만을 품게 되곤 한다.

그런 의미에서 나는 치알디니의 책을 '선의는 통한다. 정의는 이긴다'라고 생각하는 사람들이 읽기를 원한다. 이들에게 필요한 것을 책이 보완해주었으면 한다.

| 잘 속는 심리학자의 중요한 제안

《설득의 심리학》에서 여섯 가지 설득의 원칙을 다룬 기본적인 아이디어는 표면적 승낙을 받아내는 것이 목적이 아니다(희소성의 원칙은 예외로 한다). 카너먼식으로 말하자면 사람들이 '느린 생각'을 통해서 자신의 가치관과 다른 이야기에도 귀 기울이고 지금까지의 습관과 다르더라도 받아들이도록 하는 것이 목표다.

치알디니는 원래 잘 속는 사람이라고 한다. 일관성의 원칙을 설명하는 부분(사람들은 일관성을 유지해야 한다는 압력 때문에 이미 내린 결정을 정당화한다는 사례)에서 본인을 예로 들기도 한다. 처음 '승낙 유도' 기술을 연구하기 시작한 것도 본인의 그런 성격 때문이었다고 한다.

　잘 속는 심리학자의 이 이야기를 되도록 많은 사람들이 읽었으면 좋겠다. 설득의 과정에도 일정한 법칙이 있다는 것을 이해하고 저마다의 목표에 활용할 수 있기를, 또한 '열린 생각'과 '느린 생각'으로 연결되기를 바란다.

26.
스트레스를 주관적 영역으로 가져온 최초의 연구

《스트레스와 감정의 심리학^{Stress and Emotion}》, 리처드 라
자루스^{Richard S. Lazarus}(원저 1999)

　《스트레스와 감정의 심리학》은 미국 심리학자 리처드 라
자루스의 스트레스, 감정, 대처에 관한 연구 견해를 정리한
결정판이다.

　라자루스는 스트레스 개념을 '개인의 차원을 넘어 몸과
마음의 건강을 위협하는 인간과 환경의 특정 관계'로 정의했
다. 즉 스트레스를 관계성 개념으로 파악할 것을 제안한 것

이다. 무의식과 스트레스를 주관적으로 평가할 것과 대처 방법의 중요성을 강조한 그의 이론은 군대에서 적극 활용했을 뿐 아니라 문화인류학, 사회학, 생물학, 의학 등 다양한 분야로 확대되었다.

우리 모두의 인생에는 파괴적인 사건이 존재하지만 사건 자체는 스트레스가 아니라고 그는 말한다. 그것을 경험한 사람의 의미 영역과 관계가 있다는 것이 라자루스의 스트레스 이론이다. 더불어 내러티브 접근법을 통해 그런 현상을 파악할 수 있다고 했던 그의 견해는 이후 인지심리학, 인지행동 치료의 등장에 영향을 미쳤다.

리처드 라자루스는 1988년 독일의 요하네스 구텐베르크 마인츠대와 1995년 이스라엘의 하이파대에서 명예 박사 학위를 받았으며 1989년에 미국심리학회APA; American Psychological Association에서 특별공로상을 받았다.

| 생리학에서 시작된 스트레스 연구

원래 스트레스는 기계공학 분야의 전문용어로 '외력이 물체에 가해진 경우의 왜곡, 불균형'을 의미했다. 여기서 외력은 스트레서이며 그 결과로 생기는 것이 스트레스다. 이 개념을 캐나다 생리학자 한스 셀리에^{Hans Selye}가 생리학에 도입했다.

셀리에는 쥐를 대상으로 하는 실험에서 개체를 위협하는 다양한 유해 상황을 만들었다. 각각의 쥐를 추위에 노출시키거나 외상을 입히거나 과도한 운동을 시켰으며, 여러 가지 약물 중독 상태에 빠뜨리기도 했다. 그리고 이런 다양한 유해 요인이 각각 특이한 증상을 유발할 뿐 아니라, 모든 유해 상황 속에서 공통적으로 생겨나는 증후군^{Syndrome}이 있음을 알아냈다.

이 증후군은 다음과 같은 세 가지 증상을 포함했다. '부신피질 비대', '림프샘 위축', '위와 십이지장의 출혈 및 궤양'. 셀리에는 여기에 일반 적응 증후군^{General adaptation syndrome}이라는 이름을 붙였다.

한스 셀리에의 실험은 서로 다른 유해 상황이 벌어져도

개체가 보이는 반응에는 공통성이 있다는 중요한 사실을 밝혀냈다.

| 여러 심리학자들이 말하는 스트레스

1955년 셀리에의 미국심리학회 강연을 계기로 심리학 분야의 스트레스 연구가 활발해졌다. 그가 주장한 일반 적응 증후군에는 불안이나 공포와 같은 증상도 포함되어 심리학자들의 관심을 끌었다. 불안은 에리히 프롬의 《자유로부터의 도피》에서도 중요한 키워드였다. 프롬은 전근대적인 속박으로부터 도피한 자유는 소극적 자유일 뿐이어서 오히려 사람들을 불안하게 만들었고 파시즘에 기대려는 경우도 생겼다고 설명했다. 물론 에리히 프롬이 말하는 불안과 셀리에가 말하는 불안의 개념은 차이가 있겠지만, 이 불안이라는 키워드를 계기로 심리학자들의 연구 활동 폭은 확대되었다.

리처드 라자루스는 심리학의 관점에서 스트레스를 다룬 인물이다. 그는 스트레스 개념을 '개인의 차원을 넘어 몸과 마음의 건강을 위협하는 인간과 환경의 특정 관계'로 정의했다. 스트레스를 관계성 개념으로 파악한 것이다.

이 견해는 좁은 의미의 인과관계와는 차원이 다르다. 물리학적인 좁은 인과관계로 볼 때는, 특정 사건이 발생하면 반드시 특정 결과가 일어난다. 하지만 스트레스는 그런 것이 아니다. 그야말로 심리학적인 개념이라 할 수 있다. 라자루스는 이를 설명하면서 '평가' 개념을 중시했다. 평가란 개개인의 주관과도 관계된 개별성이 높은 것이어서 스트레스 요인을 객관적으로 파악하려는 입장과 대립했다.

한편 워싱턴대학의 정신의학자 토머스 홈즈[Thomas Holmes]와 리처드 라헤[Richard Rahe]는 스트레스를 '일상생활에서 여러 가지 변화에 재적응하는 데 필요한 노력'으로 파악했다. 두 사람은 사회과학적 관점에서 스트레스의 영향을 일반화하고자 시도했다. 그리고 '라이프 이벤트', 즉 생활 속 특정한 사건이 발생할 때 일상에 다시 적응하기 위해서는 얼마나 큰 노력이 필요한가에 주목하고서 표준적인 척도를 구성했다. 이른바 사회 재적응 평가 척도다(1967).

5,000명 이상을 대상으로 한 이 연구에서는 대표적인 스트레스 상황 43가지를 제시했다. 각 경우의 스트레스 지수 평균치를 측정한 결과 오른쪽 표와 같이 나타났다. '배우자의 죽음'은 최고 수치인 100, 결혼은 50 정도에 해당한다.

사회학을 기반으로 한 홈즈와 라헤의 연구가 스트레스

를 일으키는 사회적 요인에 주목했다면, 생리학 분야의 셀리에는 스트레스의 결과로 일어나는 생체 반응에 주목했으며, 심리학자 라자루스는 그동안의 과정(특히 의미화 과정)에 초점을 맞추었다. 라자루스의 이론은 사회적 지원이나 대처에도 주목했다는 특징이 있다.

| 스트레스와 트라우마

스트레스는 전쟁이나 사고의 후유증과 관련하여 임상심리학 분야에서 일찍부터 다루었다. 현재는 PTSD^{Post-Traumatic Stress Disorder}(외상 후 스트레스 장애)라는 용어로 잘 알려져 있다. 라자루스는 《스트레스와

배우자의 사망	100
이혼	73
가까운 가족의 사망	63
자신의 부상이나 질병	53
결혼	50
퇴직	45
친구의 사망	37
자녀의 출가	29
친척과의 갈등	29
입학, 졸업, 퇴학	26
상사와의 문제	23
이사	20
전학	20
크리스마스	12

사회 재적응 평가 척도
출전) Holmes & Rahe, 1967

감정의 심리학》6장을 '스트레스와 트라우마'로 채웠다.

그 내용에 의하면 트라우마는 개인적 의미를 철저히 파괴한다. 전쟁, 지진 등 파괴력이 큰 사건이나 대규모 사고를 트라우마로 경험하는 사람들이 실제로 많다. 하지만 사건의 양적 크기는 트라우마 자체가 아니다. 트라우마는 질적이고 실존적인 문제다.

우리 모두의 인생에는 파괴적인 사건이 존재한다. 하지만 사건 자체는 스트레스가 아니라고 그는 말한다. 당연히 그것을 경험한 사람의 의미 영역과 관계가 있다는 것이 라자루스의 스트레스 이론이다. 비슷한 스트레스 상황에서도 스스로 대처할 자원이 있다고 평가하고 인지하는 사람들은 사회적으로나 심리적으로 더 건강한 삶을 영위할 수 있다.

| 스트레스란 개인이 평가하는 것

라자루스는 캘리포니아대 버클리 캠퍼스에 부임한 후 버클리 스트레스 코칭 프로젝트를 시작했다. 이 프로젝트에서는 사람들에게 차마 눈 뜨고 볼 수 없는 영상을 보여준다. 그리고 그 장면에 여러 의미를 부여해 사람들이 얼마나 스트레스를 받는지 분석한다.

예를 들어 할례 문화를 접한 적 없는 사람이 할례 의식을 치르는 장면을 본다면 할 말을 잃을 것이다. 하지만 똑같은 영상에 의학적 목적으로 만들어졌다는 의미를 부여하면 그 영상이 주는 스트레스는 조금 덜할 것이다.

라자루스의 이론은 스트레스의 인지적 평가Appraisal를 중시한다. 처음에는 평가 대신 '지각Perception'이라는 개념을 사용했다. 사건이나 상황의 '지각'이 스트레스라는 감정 반응을 일으킨다는 이야기다. 지각이라는 단어는 외부세계를 있는 그대로 파악할 수 있다는 의미로 읽힌다. 문제는 이 단어를 사용하는 한, 다양하고 풍부한 개개인의 의미화에는 다가갈 수 없다는 것이다.

라자루스는 브루너가 주장한 뉴룩 심리학의 영향을 받아 '지각'이라는 단어를 버렸다. 즉 사회적, 개인적 요인이 지각에 영향을 미친다는 견해를 스트레스 이론에 도입해 사건의 '지각'이 아니라 '평가'가 중요하다는 논리를 만들어냈다. 스트레스는 사건, (인지적) 평가, 대처, 감정이라는 과정을 따른다고 그는 말한다.

기존의 심리학 연구는 독립변수와 종속변수의 관계를 추출하므로 과정 전체를 다룰 수 없었다. 하나의 원인이 하나의 결과를 가져온다는 그런 단순한 인과관계로는 스트레스를 다루는 데 한계가 있다.

한편으로 라자루스는 시대에 뒤떨어진 인식론을 극복하기 위한 접근법으로 이야기(내러티브) 관점을 도입할 것을 제안했다. 일상생활에서 일어나는 다양한 사건과 그 영향은 모두 어떤 관계로 얽혀 있으며, 그런 현상을 파악할 수 있는 것은 내러티브 접근법이라고 라자루스는 주장했다.

27.
마시멜로 테스트의 진짜 의미

《**마시멜로 테스트**The Marshmallow Test》, 월터 미셸Walter
Mischel(원서 2014)

1960년대에 미셸은 만족 지연에 관한 연구를 본격적으
로 시작했다. 만족 지연 연구는 '마시멜로 테스트'라는 이름
으로 유명한 실험이다. 네 살짜리 아이 앞에 마시멜로 하나
를 놓고는 "15분 후 내가 돌아올 때까지 안 먹고 기다리면
마시멜로를 하나 더 줄게"라고 말한다. 아이가 그 마시멜로
를 먹지 않고 기다리는지, 못 참고 먹는지 관찰하는 실험이

다. 추적 연구 결과 먹지 않고 참은 소수의 아이들은 성장 후 학업 성적, 대인관계, 결혼생활 등에서 더 우수한 상태를 유지한 것으로 나타나, 마시멜로 테스트는 매우 의미 있는 실험으로 평가받았다.

하지만 사람들이 흔히 알고 있는 것과 달리, 미셸의 이론에서 근본적인 생각은 '사람은 달라질 수 있다'는 것이다. 가정교육이나 훈련으로 아이의 자기 제어 능력을 키워주고 드러나는 성격을 다듬을 수 있다는 것이 마시멜로 연구의 진정한 의미다. 그런 의미에서 미셸의 논리는 오히려 차별이나 격차를 줄이는 근거가 된다.

2006년 〈뉴욕타임스〉 사설에서 마시멜로 테스트를 언급하면서 미셸과 그의 실험은 세계적인 열풍을 불러일으키게 되었다.

월터 미셸은 1978년 미국심리학회 임상심리학 분과 최우수 과학자상을 비롯해 다수의 상을 수상했다. 또한 미국심리학회 발행지인 〈모니터 온 사이콜로지Monitor on Psychology〉에 2002년 현존하는 20세기 심리학자 3인에 선정되었다.

| 성격을 파악하는 두 가지 방법

성격이라는 개념의 역사는 다른 수많은 개념들과 마찬가지로 고대 그리스 시대로 거슬러 올라간다. 하지만 일반 대중에게 성격이라는 개념의 의미가 커진 것은 20세기의 4분의 1이 지난 무렵이었다.

신분제가 붕괴해 모든 사람이 무엇이든 될 수 있게 되었던 그 시대에 개성이라는 개념이 중시되기 시작했다. 만약 사농공상의 신분제도가 굳건해서 개인이 신분을 바꾸는 것이 엄격히 제한되는 시대라면, 혹은 가문마다 정해진 직업이 있어서 다른 가문 출신은 새로운 영역에 진출하기가 거의 불가능한 사회구조라면 사람들이 굳이 개인의 성격이나 지능을 궁금해하지 않을 것이다.

성격 심리학 분야에서는 1920년대 유형론이 등장한 이후 1940년대부터 이에 대한 대항 이론으로 특성론이 등장했다. 유형론은 말 그대로 개인의 성격을 여러 가지 유형으로 분류하는 방법이다. 그에 비해 특성론은 개인의 성격을 형성하는 여러 가지 보편적인 특성을 파악하는 방법이다. 어떤 사람에게 어떤 특성이 두드러지는가를 이해하고 측정하자는 것이 특성론의 접근법이다. 이때 1차원적으로 접근해 양적으로 판단하지 않고, 특성의 강도로 성격을 판단하게 된다. 그렇기 때문에 단순히 내향적인 사람, 외향적인 사람으로 나누는 것이 아니라 한 사람 안에서 각 특성이 얼마나 지배적인가를 판단한다.

| 화가 많은 성격이란 없다?

유형론이든 특성론이든 성격 이론은 인간의 내부에 '성격 요소'가 존재하며 그것이 원인이 되어 사람들이 일정한 경향의 행동을 한다는 것을 전제로 한다. 또한 한 사람의 성격은 들쭉날쭉하지 않고 비교적 안정적이라고 본다. 난폭한 사람은 장소나 상황과 상관없이 난폭하다. 공격성이라는 특성이 강하기 때문이다.

월터 미셸은 그런 성격 이론에 반론을 제기했다. 먼저 행동의 원인을 내부에서 찾지 말 것을 제안했다. 사람마다 다른 성향을 보이는 이유를 설명하기 위해 그는 새로운 논리를 사용했다. 즉, 상황에 대한 예민성이나 의미화의 차이가 사람들의 행동에 영향을 미친다고 주장했다.

미셸에 따르면 언제 어디서나 공격적인 사람은 없다. 특정 상황에서만 공격적이 된다는 것이 미셸의 견해다. 1980년대에 실시한 아이들의 합숙생활 관찰연구에서 미셸은 앤서니와 지미라는 남자아이에게 주목했다. 이 아이들은 각자 특별한 상황에서 쉽게 공격적으로 돌변했다. '핫 스폿'처럼 공격성을 끌어내는 특이 상황이 아이들마다 있다는 것이다. 앤서니의 경우는 다른 아이가 다가왔을 때, 지미는 어른이 뭔가 경고했을 때가 그런 경우였다. 다시 말해, 지미와 달리 앤서니는 어른들이 무슨 말을 해도 공격적이 되지 않는다.

미셸은 항상 화를 내거나 늘 공격적인 인간은 없으며 어떤 상황의 어떤 사건에 대해서는 유독 민감해서 불같이 화를 내지만 다른 일에는 무관심한 것이 보통의 사람들이라고 생각했다. 성격이 원인이 아니라, 저마다 분노를 일으키는 상황과 순간이 있을 뿐이다.

그럼 우리는 왜 어떤 사람을 가리켜 '화를 잘 낸다', '내성적이다'라고 판단할까? 그것은 내가 그 사람을 판단할 때는 그 사람과 함께 있을 때뿐이라는 '상황의 특이성' 때문이다. 이는 매우 중요한 이야기다.

아이가 아버지를 '항상 집 안에서 빈둥거리며 엄마한테 혼나기만 한다'고 인식하는 경우는 흔하다. 아이는 직장에서 일하는 아버지를 보지 못한다. 자신과 같이 있는 (집에서 엄마와 함께인) 아버지만 본다. 사실 아버지의 전체 일상 중에서 그 상황은 한정된 부분임을 의식하기는 매우 어렵다. 이는 아이만 저지르는 잘못은 아니다.

생각해보면 이는 우리가 만나는 모두에게 적용되는 이야기다. 어떤 사람의 행동은 '내가 있는 상황'에서만 알 수 있다. 그러니까 그저 내가 보는 행동일 뿐이다. 게다가 많은 사람들이 자신과 타인에게 서로 다른 판단 기준을 적용한다. 자기가 한 행동은 '그럴 수밖에 없는 상황이었다'라고 합리화하지만 다른 사람의 행동에 대해서는 '그 사람은 원래 성격이 그래', '항상 그런 식이라니까'라고 넘겨짚곤 한다. 일종의 인지 편향이다.

대학 전공을 선택하는 경우를 예로 들어보자. 자신이 현재의 전공과 학부를 선택한 것은 여러 경위가 복합적으로 작용한 결과라는 것을 잘 안다. 하지만 다른 누군가의 전공에 대해서는 그저 '좋아해서'라고 해석하기가 쉽다. 이는 '특성 귀속 편향Trait ascription bias'로 알려진 현상이다.

미셸은 기존 심리학의 성격 이론이 이와 같은 오류를 저질렀다고 보았다. 1986년에 발표한 《성격과 평가Personality and Assessment》를 통해 그의 이론은 학계에 널리 알려졌다. 미셸의 주장은 반 내재론, 사회적 행동론, 상황론 등으로 불린다. 여기서 상황론은 행동의 원인을 인간의 내부에서 찾지 않는 이론의 총칭이며 행동주의자 스키너의 견해와도 일치한다. 심리학 이론에서 심적 개념을 사용하지 않는다는 것이 모순처럼 보일 수도 있다. 하지만 심리학자이기 때문에 인간과 동물의 행동을 관찰한 결과를 상황 요인으로 충분히 풀어낼 수 있었으리라 생각된다.

| 마시멜로 테스트의 진짜 의미

일반적으로 영·유아는 욕구에 솔직해서 잘 참지 못하지만 성인이 되어가면서 욕구나 충동을 제어할 수 있게 된다고 생각한다. 그래서 어른인데도 자기 욕구를 내세우는 경우 '애 같다'라는 핀잔을 듣곤 한다. 과연 옳은 말일까?

미셸은 딸이 셋이었다. 아이들이 발달하는 모습을 지켜보니 그저 욕구를 채우는 단순한 존재가 아니라, 때로는 욕구를 스스로 미룰 수도 있다는(만족 지연) 사실을 알게 되었다. 1960년대에 미셸은 만족 지연에 관한 연구를 본격적으로 시작했다. '마시멜로 테스트'라는 이름으로 유명한 바로 그 실험이다.

네 살짜리 아이 앞에 어른이 나타나 마시멜로 하나를 놓는다. 아이에게 이렇게 말하고는 방을 나간다.

"15분 후 돌아올게. 그때까지 이 마시멜로를 안 먹고 기다리면 마시멜로를 하나 더 줄 거야."

아이가 눈앞의 마시멜로를 먹지 않고 기다리는지, 참지 못하고 먹는지 관찰하는 실험이다. 즉시 먹어버리는 아이는 많지 않았다. 대부분은 어른이 사라진 후 참으면서 마시멜로를 하나 더 얻으려고 노력했다. 하지만 15분이라는 시간을 끝까지 기다린 아이는 얼마 되지 않았다.

실험 결과, 마시멜로를 만지거나 냄새를 맡은 아이는 결국 먹고 말았다. 반면에 마시멜로에 아예 시선을 돌린 아이는 끝까지 참을 수 있었다. 먹고 싶은데 먹지 않는 것은 자기 제어 구조에 따른 것이다. 이 연구에서 미셸은 공격이나 충동을 억제하는(참는) 것을 심리적 자기 제어 구조로 생각했다. 또한 자기 제어는 인지적 기능이며 후천적으로 학습할 수 있다고 보았다. 자전거 운전과도 같아서 제대로 연습만 하면 누구나 평범하게 해낼 수 있다. 실제로 책에는 아이에게 마시멜로를 먹지 않고 참을 수 있는 방법을 가르쳐주는 장면이 나온다. 마시멜로를 먹을 수 없는 다른 물체로 상상

하라는 식으로 팁을 주는 것이다.

이 실험이 세계적인 열풍을 불러온 이유는 이후의 추적 연구 결과 때문이다. 실험 때 끝까지 참았던 아이들은 성장 후 미국수능시험에서 평균 210점이나 높은 점수를 받았고 이후 결혼생활과 대인관계, 약물 남용 등의 건강 문제에서도 더 우수한 상태를 유지하는 것으로 나타났다고 한다.

하지만 많은 사람들이 미셸이 정말 하고 싶었던 이야기를 놓치고 있다. 그가 실험에서 보여준 것은, 성격은 유전되므로 평생 달라지지 않고 한 사람의 인생을 결정짓는다는 것이 아니다. 그보다는 자기 제어에 얼마나 능숙한가가 아이의 성격을 표현하는 데 영향을 미치므로 가정교육이나 훈련으로 그 능력을 키워주고 드러나는 성격을 다듬어줄 수 있다는 것이 마시멜로 연구의 진정한 의미다.

| 핫 시스템과 쿨 시스템

전문가들 사이에서는 높은 평가를 받았지만 사회적으로는 무명이던 월터 미셸은 마시멜로 실험으로 갑자기 주목받게 되었다. 2006년 〈뉴욕타임스〉 사설에서 마시멜로 테스트를 언급한 것이 계기였다. 마시멜로 테스트는 서서히 유명세를 타기 시작했고 TV 프로그램 〈세서미 스트리트^{Sesame Street}〉에도 등장해 눈앞의 욕망과 싸우는 것의 중요성을 알려주었다. 더 중요한 것은 인지적 기능으로서 '충동 회피'의 방법을 보여준 것이다.

미셸은 눈앞에 있는 것을 적극적으로 과감히 취하려는 핫 시스템과 이를 억제하는 쿨 시스템이 인간에게 있다고 생각했다. 최근 뇌과학의 연구에 의하면 쿨 시스템을 원활하게 작용시키는 사람은 전두전피질 영역의 활동이 활발했다. 이 영역은 진화적으로 나중에 발달한 뇌 영역이다. 한편, 눈앞에 있는 것을 적극적으로 취하려는 사람은 대뇌변연계 활동이 활발했다. 이는 진화적으로 오래된 영역이며 인간 외의 동물과도 공유하는 영역이다. 단순히 말하자면, 충동을 참지 못하고 욕구를 미루지 못하는 것은 다른 동물의 행동 수준과도 같다는 이야기다.

이처럼 뇌와 관련된 문제라면 쉽게 바꿀 수 없는 것이 아닐까? 어쩔 수 없으니 포기하는 수밖에 없는 걸까? 물론 미셸은 그런 생각에 동의하지 않는다.

그의 초기(1960년대) 연구는 카리브해 트리니다드섬에서 진행되었다. 그곳에는 아프리카계 주민들과 아시아계 주민들이 살고 있었는데 이들을 대상으로 마시멜로 테스트를 진행했다. 그러자 아프리카계 아이들은 대부분 만족 지연에 성공하지 못했던 반면 아시아계 아이들은 가능했다. 이 차이를 민족성이나 인종 차이로 해석할 수 있을까?

미셸은 그렇게 단순히 생각하지 않았다. 그는 주민들의 가족 구성에 주목했다. 아프리카계는 아버지가 없는 가족이 많았고 아시아계는 아버지를 포함해 대가족이 함께 사는 경우가 많았다. 책임 있고 신뢰할 수 있는 어른이 항상 옆에 있는 아시아계 아이들은 기다리면 좋은 일이 일어난다는 것을 몸으로 체득하며 성장한 것이라고 미셸은 판단했다. 실제로 아프리카계 주민들 중에서 아버지와 사는 아이들의 결과만 보면 아시아계와 똑같다는 사실을 알게 되었다.

미셸의 이론에서 근본적인 생각은 '사람은 달라질 수 있다'는 것이다. 훈련을 통해서 어떻게 쿨 시스템을 작동시킬 수 있는지 배우고 익히는 것이 중요하다고 그는 생각했다. 그런 의미에서 미셸의 논리는 오히려 차별이나 격차를 줄이는 근거가 된다.

제4부

심리학의
새로운 방향

28.
기억은 어디까지 믿을 수 있을까?

BOOK

《**목격자 증언**Eyewitness Testimony》**, 엘리자베스 로프터스**

Elizabeth Loftus(**원저 1979**)

미국 인지심리학자 엘리자베스 로프터스의《목격자 증언》은 인간의 지각과 기억에 대한 예리한 통찰을 던져준다. 기억은 과거에 본 것을 저장했다가 시간이 흐른 뒤 끄집어낸다는 의미가 있다. 뇌에 어떤 정보를 축적하는 것이 기억의 기능이라고 흔히 생각하지만 기억은 사진이나 동영상과 달라서 나중에 있는 그대로 재생할 수 없다. 기억은 여러 요인에 따라 영향을 받으며 쉽게 변한다는 것이 로프터스를 포함한 현대 심리학의 견해다.

로프터스는 인간 기억의 유연성을 꾸준히 연구했다. 인간의 기억이 사후 정보에 의해 어떻게 변할 수 있는지를 주요 연구 주제로 삼고 있으며, 목격자 증언의 신빙성 연구로 유명하다. 로프터스는 실험실 내에서만 아니라 법의 영역에도 연구를 적용했다. 수백 건의 사례에 참여하여 목격자의 증언에 대해 전문가로서 자문과 증언을 제공하기도 했다.

로프터스는 현재 캘리포니아대학교 어바인캠퍼스의 심리학, 범죄학, 인지과학 교수다. 2004년 미국과학아카데미 회원으로 선출되었고, 2005년 심리학 부문에서 '그라베마이어 상'을 수상했다. 〈일반심리학리뷰Review of General Psychology〉 선정 '20세기 최고의 심리학자 100인'에 여성 가운데 가장 높은 순위인 58위에 선정되기도 했다.

| 목격자의 증언은 신뢰할 만한가

한 남자가 젊은 여성의 핸드백을 가로채 도망쳤다. 피해자는 곧바로 경찰에 신고했고, 범인의 생김새를 설명해서 그것을 토대로 몽타주 사진이 완성되었다. 담당 형사는 몽타주를 들고 열심히 탐문 수사를 벌인다. 인근 상가를 돌며 "혹시 이런 남자 못 보셨습니까?"라고 묻는데 대부분은 "모르는 얼굴이에요"라고 답한다. 마침내 어떤 가게 주인에게서 "며칠 전 이 남자가 가게에 왔어요"라는 증언을 어렵사리 얻어낸다. 수사는 활기를 띠고, 용의자는 경찰에 불려가 조사를 받게 된다.

뒤에서 필요한 그림이니 지금은 가볍게 보고 넘어가자

오래전 유행하던 형사 드라마에서 자주 본 장면이다.

그 후에는 어떻게 되었을까? 피해자는 반거울 너머로 용의자가 조사받는 모습을 바라보고는 "저 사람 맞아요"라고 증언한다. 결국 용의자는 범행을 자백한다. 경찰서 내부는 사건 해결을 기뻐하는 형사들의 환호로 넘친다.

로프터스의 책《목격자 증언》은 제목부터 매우 흥미롭다. 제목에서 사용한 단어 '증언'은 '기억'과는 다르다. 증언은 내가 본 것을 그대로 말한다는 뜻이다. 하지만 기억은 과거에 본 것을 저장했다가 시간이 흐른 뒤 끄집어낸다는 의미가 있다. 뇌에 어떤 정보를 축적하는 것이 기억의 기능이라고 우리는 흔히 생각한다. 또 기억은 대부분 달라지지 않는다고 믿는다. 하지만 기억은 사진이나 동영상과 달라서 나중에 있는 그대로 재생할 수 없다. 기억은 여러 요인에 따라 영향을 받으며 쉽게 변한다는 것이 현대 심리학의 견해다.

| 기억은 항상 불안정하다

앞 페이지에서 보았던 두 대의 자동차 그림을 기억하는가? 되돌아가서 다시 확인할 필요는 없다. 지금부터 간단한 심리학 실험을 해보려 한다.

태어난 달이 1월, 3월, 5월처럼 홀수인 사람과 2월, 4월, 6월처럼 짝수인 사람이 있을 것이다. 홀수 달에 태어난 사람만 다음 문장을 읽어주길 바란다. 짝수 달인 사람은 다음 페이지로 건너뛰라.

홀수 달에 태어난 사람만 읽는다 / 홀수 달에 태어난 사람만 읽는다 / 홀수 달에 태어난 사람만 읽는다 / 홀수 달에 태어난 사람만 읽는다 / 홀수 달에 태어난 사람만 읽는다

질문1. 이제 질문에 답해보자. 앞의 그림에서 자동차끼리 격돌했을 때 두 차의 속도는 대략 어느 정도였을까?'

1. 시속 30km

2. 시속 60km

3. 시속 100km

위의 질문에 대답했다면 290페이지의 2번 질문으로 건너뛰라.

짝수 달에 태어난 사람만 다음 문장을 읽어주길 바란다.

짝수 달에 태어난 사람만 읽는다 / 짝수 달에 태어난 사람만
읽는다 / 짝수 달에 태어난 사람만 읽는다 / 짝수 달에 태어
난 사람만 읽는다 / 짝수 달에 태어난 사람만 읽는다

질문1. 이제 질문에 답해보자. 앞의 그림에서 자동차끼리
부딪쳤을 때 두 차의 속도는 대략 어느 정도였을까?'

　1. 시속 30*km*

　2. 시속 60*km*

　3. 시속 100*km*

질문2. 이 질문은 홀수 달과 짝수 달에 태어난 사람 양쪽
모두에게 해당한다. 당신이 앞에서 보았던 두 대의 자동차
그림은 다음 중 어느 쪽이었을까? 오른쪽 페이지의 두 그림
중에서 골라보자.

　홀수 달과 짝수 달 두 그룹에게 각각 물었던 1번 질문은 사실 다음과 같은 미묘한 차이가 있었다.

　홀수 달에게는 자동차끼리 '격돌했을 때'라고 물었고, 짝수 달에게는 자동차끼리 '부딪쳤을 때'라고 물었다.

　'격돌했을 때'라는 문장을 읽은 사람은 위에서 1번 그림을 선택하기 쉽고 '부딪쳤을 때'라는 문장을 읽은 사람은 2번 그림을 선택하기 쉽다는 사실을 로프터스의 실험 결과로 알 수 있다. 마찬가지로 '격돌했을 때'라는 문장을 읽은 사람들이 자동차의 속도를 더 빠르게 예측하는 것으로 나타났다.

똑같은 그림을 보았는데 왜 이런 차이가 생기는 걸까? 질문이 기억을 되새기도록 만들었기 때문이다. '부딪쳤다'와 '격돌했다'는 어감이 다르다. 격돌은 훨씬 더 속도감이 느껴지는 단어다. 격돌이라는 단어를 듣고 나면 기억을 되살릴 때 상당히 빠른 속도였으리라는 느낌이 더해진다. 로프터스는 이처럼 나중 질문이 처음 본 것에 영향을 미치는 상황을 '사후 정보 효과'라고 이름 지었다.

심리학에서는 기억을 구조가 아닌 과정으로 파악한다. 로프터스는 누군가의 증언에서 실제로 보았는지도 중요하지만 나중에 무슨 말을 들었느냐도 중요한 영향을 미친다고 보았다. 기억은 언제든 다시 쓰일지 모른다.

| 법 현장에서 시작된 응용심리학

사회문제에 응용하는 것을 목적으로 하는 심리학을 응용심리학이라고 부르는데 처음 법심리학에서 시작된 것으로 알려져 있다. 19세기 중반 이후 근대 심리학이 성립하자 이를 법의 현장에 적용해달라는 요구가 생겨났다. 독일 심리학자 빌리암 슈테른은 이와 관련해서 기발한 실험을 시도했다.

그는 베를린대학의 법학자인 리스트 교수와 함께 강의실에서 한 가지 사건을 연출했다. 리스트 교수의 강의를 듣던 두 학생이 언쟁을 벌이더니 급기야 한 명이 다른 한 명에게 총을 겨눈 것이다. 교수가 다급히 끼어들어 총을 쳐냈으나 총성은 강의실 안에 울려퍼졌다.

이것이 연출된 상황이고 총도 장난감이었음을 모르던 강의실의 다른 학생들은 당연히 충격에 빠졌다. 슈테른은 목격자 학생들 가운데 열다섯 명을 지목하여 이 사건에 대해 진술하도록 했다. 당일 저녁과 다음날, 일주일 후, 그리고 5주 후에 각각 진술이 이어졌다.

흥미로운 사실은 이들 중에 사건을 정확히 기억한 사람이 한 명도 없었다는 것이다. 허구의 대화를 증언하거나 있지도 않았던 추격전을 말하는 경우도 있었다.

슈테른은 비슷한 방법으로 또 다른 실험을 시도했다. 이번에는 슈테른이 수업하는 도중에 낯선 남자가 불쑥 들어와서는 그에게 봉투를 건네주고 약 5분 동안 교실 안을 여기저기 돌아다니다가 문밖으로 나가는 상황을 연출했다.

수업을 들었던 학생들에게 8일 후 이 상황을 기억하여 말하도록 했을 때 역시나 그 남자의 인상착의나 행동에 대해 잘못된 목격담이 쏟아졌다. 자유롭게 진술한 경우의 4분의 1 이, 그리고 묻는 말에 답하도록 한 경우의 절반이 틀린 내용을 증언했다.

만약 위 실험들이 실제 사건이라면 목격자의 증언은 그리 신빙성이 없다는 이야기가 된다. 특히 슈테른은 특정 인물을 세심히 관찰하지 않을 경우 인물에 대한 묘사는 거의 믿을 수 없다는 결론을 내렸다.

| 기억에 따른 증언을 어디까지 믿을 수 있을까

로프터스 역시 법심리학에 관심을 가지고 적극적으로 관여했다. 1980년대 미국 전역을 떠들썩하게 만들었던 '맥마틴 유치원 아동학대 사건'에서 로프터스는 피고인의 입장에 섰다. 1983년 8월, 캘리포니아 맨해튼비치의 맥마틴 유치원 교사가 원생을 성추행했다는 신고가 접수되었다. 이 유치원에 두 살배기 아들을 보내던 학부형이 아침에는 아무 이상 없던 아들의 신체 부위에 상처가 의심된다며 의사를 찾아간 것이 사건의 발단이었다.

물증은 없었지만 즉시 조사가 시작되었고 원아들을 대상

으로 집요한 인터뷰와 유도신문이 이루어졌다. 흥분한 학부모들, 예전에 이 유치원에 자녀를 보냈던 사람들까지 가담하여 아이들을 추궁한 끝에 다양한 사례를 끌어냈다. 결국 용의자로 지목된 교사를 포함해 직원 일곱 명이 체포되었다. 그러나 이 사건은 미국 역사상 가장 오래 지속된 형사 재판이라는 기록을 세운 끝에 항소법원에서 7년 만에 전원 무죄 판결이 내려지는 것으로 마무리되었다.

로프터스는 이 사건에서 '아이들의 증언은 체험을 근거로 한 것이 아니며, 다시 쓰인 기억이다'라는 입장에서 주장을 펼쳤다. 로프터스의 이런 입장은 '증거가 불충분한 범죄의 피해자들'에게 분노를 불러일으켰다. 실제로 사건이 일어났지만 증거가 취약한 경우도 얼마든지 있으며, 피해자의 기억만이 증거인 경우도 존재하기 때문이다.

1990년대 미국에서 일어난 '기억 전쟁Memory war'이 그런 경우였다. 당시 수많은 성인 여성들이 과거에 친부로부터 성적 학대를 받은 사실을 생각해내 고발했다. 미국 전역에서 고발이 잇따랐고 수많은 재판이 벌어졌다. 이때도 로프터스는 고소당한 사람들 쪽에 서서 기억은 오류나 허위를 만들어낼 수 있다는 의견을 피력했다. 고소당한 사람들이 설립한 거짓기억 증후군 재단False Memory Syndrome Foundation에도 관여했다는 사실이 알려져 가해자를 두둔한다는 혹독한 비판을 받기도 했다.

'의심스러운 것은 피고인에게 유리하게'라는 법언이 있다. 피고에게 유죄를 내리려면 의심의 여지가 없을 정도로 유죄를 입증해야 하며, 그렇지 못한 때는 피고인에게 유리한 무죄로 추정하여야 한다는 것이 형사 재판의 대원칙이다. 고소당했다는 것이 반드시 가해자라는 뜻은 아니기 때문이다.

그런 의미에서 많은 심리학자들은 기억에 관해 로프터스와 같은 입장을 취할 수밖에 없을 듯하다. 물론 실제 범죄의 피해자들을 지원하고 진실을 적극적으로 규명하는 일 또한 반드시 필요하다. 이는 시스템을 통해 추구해야 하며, 심리학은 기억을 구조가 아닌 과정으로써 파악하는 역할을 계속해야 할 것이다.

29.
한 사람이 선택하고 만들어내는 저마다의 문화

BOOK 《**새로운 문화심리학 구축**Culture in Minds and Societies》, **얀 발지너**Jaan Valsiner(원서 2007)

미국의 문화심리학자 얀 발지너의 《새로운 문화심리학 구축》은 인간과 문화의 관계성을 전체적으로 파악하는 새로운 문화심리학을 제시한다.

발지너는 '인간이 맨몸으로 외부와 대치하는 것을 막는 구조'의 모든 것이 문화라고 생각했다. 인간이 시시각각 변하는 다양한 환경에서 생존하여 다음 세대에 바통을 넘겨주기 위해서는 어떻게 해야 할까? 발지너는 이에 대한 접근론으로서 문화의 역할을 바라보았다.

비고츠키의 영향을 받은 발지너는 인간의 자아 시스템을 가치, 기호, 행위로 이루어진 3층 모델로 제시했다. 또한 발지너는 한 사람이 여러 개의 산 모형 자아를 가진다고 설명해, 다양한 문화가 한 사람에게 속한다는 아이디어를 효과적으로 표현했다.

그는 1997년부터 매사추세츠주의 클라크대학에서 심리학 교수로 교편을 잡았으며, 2013년부터 2018년까지 닐스보어 연구소에서 활동했다. 이후 덴마크 올보르대학교 교수로 재직 중이다.

| 문화와 심리학의 관계

문화와 심리학은 어떤 관계가 있을까? 문화심리학(문화가 어떻게 구성원의 심리적 과정을 반영하고 형성하는지 연구하는 학문-옮긴이)이라고 하면 일반적으로 비교 문화심리학을 가리킨다. 이는 특정 문화와 다른 문화의 차이를 고찰하는 것이다. '컬처 쇼크^{Culture shock}'라는 단어가 보여주듯, 한 문화에서 다른 문화로의 이동은 큰 부담이 될 수 있다.

비교 문화심리학은 다양한 문화를 조사하고 비교해 차이를 드러낸다. 예를 들어 동양의 집단주의라는 말은 서양의 개인주의와 비교할 때 그 성격이 한층 두드러진다. 하지만 다양한 문화에 대해 각각의 카탈로그를 만들고 차이를 강조하는 것 말고도, 또 다른 목표를 전제로 하는 문화심리학이 필요하다. 바로 문화의 보편적인 역할을 인간의 마음에 비추어 설명하는 학문적 행위를 말한다. 생각해보라. 우리가 살아가는 '지구 문화'는 다른 것과 비교하지 않아도 그 자체로 가치 있지 않은가.

언어학을 예로 들어보자. 티베트어와 영어가 다르다는 사실은 누구나 안다. 그리고 그 차이를 설명하는 것은 중요하다. 하지만 언어학의 역할은 개별 언어의 성질을 설명하는 것으로 끝나지 않는다. 수많은 언어의 근본적인 성질을 연구하는 것이 언어학이 할 일일 것이다. 실제로 이런 언어학이 존재하며 이를 '일반 언어학'이라고 부른다.

그렇게 생각한다면 문화심리학에서도 문화와 인간의 보편적인 관계를 다루는 '일반' 문화심리학에 한발 다가서야 하지 않을까 생각한다.

| 일반 문화심리학에서 본 문화

일반 문화심리학에서는 인간이 문화에 속하는 것이 아니라 문화가 인간에게 속한다고 본다. 문화가 인간에게 속한다니, 무슨 뜻일까? 결코 쉽지 않은 이야기여서 나도 완전히 이해하기까지 10년이라는 시간이 걸렸다.

여기서 말하는 문화란 개인의 심리적 메커니즘으로서의 문화다. 다양한 자리에서 허용되는 행동의 가이드 역할을 하는 것이 곧 문화다.

여기서 중요한 역할을 하는 또 한 가지는 '기호'다. 기호는 앞서 소개한 퀼러나 비고츠키가 중요하게 여겼던 개념이기도 하다. 인간은 외부세계와 직접적으로 관계하는 것이 아니라 기호를 매개로 관여한다는 것이 일반 문화심리학의 견해다.

기호는 인간에게 어울리는 행동을 안내하고 문화는 기호를 통해 인간에게 속한다. 인간을 중심으로 기술하자면, 인간은 여러 문화 중에서 그 안의 기호를 받아들이고 싶은 경우 문화에 뛰어든다. 애니메이션을 보고 코스튬 플레이를 하는 것이 단편적인 예가 될 것이다. 사람과 문화의 이상적인 관계란 '포괄적 분리Inclusive separation'라는 말로 설명할 수 있다. 한 사람이 문화를 선택하여 내부화하는 동시에 그것을 통해 외부와 연결된다는 뜻이다.

그렇기 때문에 누군가는 어린 시절의 골목 문화를 배경으로, 대학 시절의 X세대 문화를 간직한 채, 현재 서울의 아줌마 문화를 구가하는 다원문화를 영위할 수 있다.

흔히 생각하듯 개인이 문화에 속하는 것이 아니라 실은 문화가 기호를 통해 '인간에게 속한다'는 것이 무슨 이야기인지 어렴풋이나마 이해했으리라 생각한다.

| 의사소통에 오류가 일어나는 이유

미국에서는 이메일이나 문자를 보낼 때 미소의 의미로 ':)' 모양의 이모티콘을 사용한다고 한다.

"Enjoy your holiday :)"

이런 식이다. 어떤가? 저 기호가 웃는 얼굴처럼 보이는 가? 한국이나 일본 등 일부 아시아 국가에서는 그렇지 않은 사람들이 많을 것이다. 이모티콘이 가로가 아닌 세로로 놓여 있어서라고 말할 수도 있겠지만, 이유는 그 때문만이 아니 다. 왜 나라마다 이런 차이가 생길까?

홋카이도대 유이키 마사키結城雅樹 교수의 연구에 의하면 어떤 요소를 웃는 얼굴로 인식하는가는 나라마다 차이가 있 다고 한다. 미국과 유럽을 포함한 대부분의 서구권 나라에서 는 입꼬리가 올라가거나 이를 보여주는 표정을 웃는 얼굴로 인식한다. 그래서 ':)'만으로도 미소를 표현하기에 충분하다.

하지만 한국에서는 눈을 입만큼이나 효과적인 표현의 도 구로 여긴다. 그래서 한국 사람들이 주로 사용하는 웃는 얼 굴 이모티콘은 ^-^, 혹은 ^^이다. 이 얼굴은 대부분의 서양인 에게는 웃는 얼굴로 보이지 않는다. 입으로 웃는 얼굴을 표현하는 사람과 눈으로 표현하는 사람이 있다면 둘 사이에는 소통에 오류가 일어나게 된다. 일반 문화심리학은 이런 의사소통의 차이를 설명하려고 시도한다.

한국이나 다른 나라, 얼굴 표정을 기호화해서 문자에 사용하자는 단계(가치 단계)에서는 생각이 일치한다. 하지만 얼굴의 어느 부분이 웃는 얼굴을 나타내는지에 대해서는 표출 및 독해의 단계(기호 단계)가 서로 다르다. 그래서 해석에 차이가 생기고 의미 전달에 오류가 일어난다(행위 단계).

미국의 문화심리학 교수 얀 발지너는 저서 《새로운 문화심리학 구축》에서 자아 개념을 3층 모델로 나타냈다. 이 모델은 높은 산 모형으로도 표현할 수 있다. 산 정상은 가치에 해당하는 부분이어서 바꾸기 어렵다. 아래쪽 넓은 들판 부분은 행위 단계다. 그리고 눈이 쌓인 테두리 근처가 기호가 발생하는 단계다. 가치와 행위가 직접 연관되는 경우는 없다.

여기서 두 가지 방향을 생각해볼 수 있다. 먼저 가치가 기호를 발생시키고 기호가 행위를 끌어내는 방향을 톱다운 모델, 즉 가치 선도적 행위 모델이라 한다. 한편, 다양한 행위를 거듭하는 동안 새로운 기호가 발생해 그 기호가 가치 변화를 야기한다고 보는 시각을 보텀업, 즉 선도적 가치변화 모델이라고 한다.

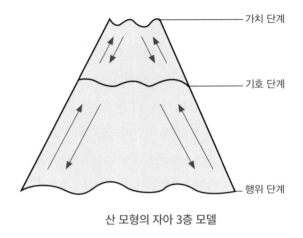

가치 단계

기호 단계

행위 단계

산 모형의 자아 3층 모델

어느 방향이든 기호가 핵심이 된다는 것을 알 수 있다. 문화는 기호를 통해 개인에게 속한다는 것을 자아 3층 모델은 다시 한번 보여준다.

이심전심이라는 말도 있듯이 서로 좋아하는 친밀한 사이에 의사소통할 때는 기호를 통하지 않더라도 똑같은 마음이 될 수 있다. 하지만 대부분의 의사소통은 기호를 매개로 한다. 비고츠키는 인간의 의사소통에서 기호의 중요성을 강조했으며(디자인에서 기호의 중요성을 역설한 것은 노먼이다), 이들의 영향을 받은 얀 발지너는 인간의 자아 시스템을 가치, 기호, 행위로 이루어진 3층 모델로 제시했다. 또한 발지너는 한 사람이 여러 개의 산 모형 자아를 가진다고 설명해, 다양한 문화가 한 사람에게 속한다는 아이디어를 효과적으로 표현했다. 발지녀의 이런 견해는 '~로서의 자기'가 여럿 존재할 수 있다고 했던 헤르만스의 자아 이론과도 일치한다.

| 문화 다루기의 어려움

문화심리학이라는 하위 영역은 심리학에서 다루기 까다로운 영역이다. 과학으로서 심리학은 인간이라는 종의 마음 상태를 검토하는 것이 목적이어서 보편적인 인간의 성질에 대해 말하고자 하기 때문이다. 한편 심리학의 또 다른 관점에서는 인간을 저마다 다르고 개인으로서 존중받아야 하는 존재로 보아 보편성을 배제하고자 한다.

대체로 진실은 그 중간에 존재한다. 이는 심리학이나 사회학 등 다양한 분야가 마찬가지다. 보편 지향과 개별 지향, 둘 중 하나만으로 인간의 삶과 생명, 생활을 전부 설명할 수 없다는 것은 공공연한 사실이다. 문화는 그 중간 지점을 연결하는 유력한 개념일지 모른다.

문화는 그에 대한 정의만 해도 700가지나 된다고 한다.

그중에서도 발지녀는 '인간이 맨몸으로 외부와 대치하는 것을 막는 구조'의 모든 것이 문화라고 생각했다.

인간뿐만 아니라 모든 생물에게 생존은 가장 중요한 목표이며 이를 실현하는 것은 당연히 중요하다. 하지만 인간이 생존하는 환경은 매우 다양하다. 시시각각 변하는 다양한 환경에서 생존하여 다음 세대에 바통을 넘겨주기 위해서는 어떻게 해야 할까? 이에 대한 생각과 방법을 집적한 것이 곧 문화일지도 모른다.

| 우리 삶의 여러 갈래 길

발지녀는 문화심리학의 새로운 방법으로 '복선 경로 동등성 접근법TEA; Trajectory Equifinality Approach'이라는 관점을 제시했다. 상당히 어려운 표현인데, 여기서 Equifinality는 다른 방법이나 경로를 통해서 같은 목표나 결과에 도달할 수 있음을 보여주는 개념이다.

우리 인생은 다양한 사건을 겪지만 당구공처럼 추돌하며 길을 잃지는 않는다. 한 번의 실패나 좌절이 있더라도 또 다른 경로를 통해, 다양한 지원을 받으며 목표를 달성할 수 있다. 우리 삶에는 복선 경로가 존재한다. 이런 여러 갈래 길은 문화로 실현되며 다른 말로 하자면 탄력성과 회복력(리질리언스Resilience)이라고 할 수 있다.

인간을 동물의 일종인 생물학적 존재로 취급하고 대상화, 객체화하는 관점을 일반 문화심리학은 지양한다. 그 대신 '의미를 추구하는 존재'로서 '발달적 인간'이 시간의 흐름에 따라 어떻게 변화하고 또한 유지되는가를 문화라는 측면에서 파악하고자 한다. 그리고 복선의 경로라는 개념은 그 새로운 접근 방식이다.

30.
빠른 생각과 느린 생각의 균형

BOOK

《**생각에 관한 생각**Thinking, Fast and Slow》, 데니얼 카너먼
Daniel Kahneman(원저 2011)

《생각에 관한 생각》은 인간의 두 가지 사고 체계인 직관
과 이성의 충돌과 융합을 독창적으로 분석한 명저다. 지난
25년 동안 수많은 심리학자들이 단골 연구 주제로 삼은 빠
르게 생각하기와 느리게 생각하기를 다룬다.

카너먼은 동료 심리학자 트버스키Amos Tversky와 함께 주류
경제학에서 말하는 기대효용의 헛점을 지적하며 새로운 '전

망 이론'을 제시했다. 두 사람은 전망 이론을 통해 인간의 의사결정이 반드시 합리적이고 이성적이지 않음을 증명했다. 이 이론은 그때까지 경제학이 명확한 전제로 삼았던 '합리적 경제인'이라는 생각의 전제를 무너뜨렸다는 데 의미가 있다.

빠른 생각과 느린 생각, 경험하는 자아와 기억하는 자아, 이 대립을 뛰어넘는 곳에 인간의 행복을 이해하기 위한 열쇠가 있다고 카너먼의 책은 말한다. 그가 던진 이 질문은 심리학을 새로운 도전으로 안내한다.

대니얼 카너먼은 심리학과 경제학을 완벽히 융합해 새 지평을 연 공로를 인정받아 2002년 노벨경제학상을 수상했다. 2005년 이스라엘 국민들이 생각하는 '역사상 가장 위대한 이스라엘인'으로 선정되었고 2007년 미국심리학협회 공로상을 받았다. 그는 21세기 가장 탁월한 학문으로 꼽히는 행동경제학의 창시자로서 '살아 있는 경제학'이라 평가받는다.

| 합리적 인간상에 빈틈이 생기다

《이와나미 세계 인명 대사전岩波世界人名大辞典》에 집필진으로 참여한 적이 있다. 전 세계를 통틀어 과거와 현재의 인물뿐 아니라 전설과 가공의 인명까지 포함한 사전인지라 혼자서 편집하기란 당연히 불가능한 일이었다. 그래서 각 분야의 전문가들이 책임지고 인명을 채워나갔다.

나는 심리학사 연구자로서 심리학 분야의 인물들을 다루었는데, 중간에 재미있는 사건이 하나 벌어졌다. 동료 전문가가 '대니얼 카너먼'을 심리학자 카테고리에 넣고 집필하려다가 경제학 분야 집필진과 의견이 부딪힌 것이다. 우리는 심리학자 입장에서 '당연히 우리 쪽 사람'이라는 마음이었다. 사실 카너먼이 노벨경제학상을 수상하긴 했지만 그 전부터 인지심리학자로 잘 알려진 인물이었다. 더구나 노벨상을 수상한 이유 또한, 불확정 상황에서 내리는 판단에 대한 심리학적 통찰을 경제학에 적용했다는 업적 때문이었다. 수상 분야로 경제심리학과 실험경제학이 언급되었다는 사실만 봐도 대니얼 카너먼은 기본적으로 분명히 심리학자가 맞지 않겠는가.

하지만 현실은 냉혹했다. 결국 카너먼은 인명 대사전에 행동경제학을 개척한 경제학자로 소개되었다.

경제학에서는 예로부터 합리적 인간이라는 존재를 가정해왔다. 인간은 하나님으로부터 받은 이성에 근거해 판단하는 존재라는 것이다(이 모델에 문제가 있음은 앞서 소개한《데카르트의 오류》속, 일상에서 뭔가를 결정하지 못하는 남자의 예를 보면 알 수 있다). 경제학이 말하는 이런 합리적인 인간상은 호모 에코노미쿠스Homo economicus라 불린다. 이 이론에 따르면 인간은 구매 등의 판단을 내릴 때 경제적 합리성을 근거로 하며, 행동할 때도 개인주의적 성향이 나타난다고 한다. 경제학은 이런 이상적인 인간상을 모델 삼아 일정한 성과를 거두었다. 하지만 빈틈도 눈에 띄기 시작했다. 그 틈을 비집고서 행동경제학이라는 새로운 분야가 등장했다.

| 빠른 생각과 느린 생각

이 책은 행동경제학자이자 위대한 심리학자인 카너먼이 처음 쓴 대중서다. 책의 주제는 인지적 착오, 즉 옳다고 생각한 판단이 틀리는 현상에 대한 것이다. 이해하기 쉽도록 카

너먼은 여러 가지 이항대립(두 가지의 대립적인 요소가 한 쌍을 이루는 것-옮긴이)을 제시했다.

먼저 생각을 빠른 생각(속고)과 느린 생각(숙고)으로 나누고 마지막에는 경험하는 자아Experiencing self와 기억하는 자아Remembering self를 대비시킨다. 경험하는 자아는 빠른 생각과 관련이 깊어서 현재 이 자리에서 내리는 판단이나 경험을 담당하는 반면, 기억하는 자아는 느린 생각과 관련이 있어서 시간의 흐름 속에 내리는 사고를 지향한다.

이 책은 전체적으로 빠른 생각과 그 인지적 착오에 대한 기술이 많다. 책에서 느린 생각에 대한 비중이 상대적으로 적은 것은 (카너먼 자신도 말했듯이) 느린 생각이 필요 없기 때문이 아니라 연구가 아직 충분히 진행되지 않았기 때문일 것이다. 루리야, 길리건, 매슬로의 관점에서도 언급했듯이 심리학 실험이라는 틀에서 취급하기 쉬운 것은 지식도 쉽게 축적된다. 그렇다고 해서 그것만으로 전부를 설명할 수는 없다.

| 일상에 은밀히 관여하는 휴리스틱 사고

대니얼 카너먼은 이른 나이에 세상을 뜬 아모스 트버스

키와 함께 불확정한 상황에서 인간은 어떻게 판단하는가를 주제로 인지심리학적 연구를 진행했다. 주류 경제학 이론은 사람들이 각자의 이익을 최대한 실현할 수 있는 방향으로 의사결정을 내린다고 보는데, 이를 기대효용이라고 한다. 카너먼과 트버스키는 이러한 기대효용 이론의 헛점을 지적하며 새로운 이론을 제시했다. 이름하여 '전망 이론Prospect theory'이다. 쉽게 말해, 사람들은 불확실한 상황에서 합리적 선택을 내리지 않는다는 것이다.

두 사람이 고안한 실험 중에서 가장 유명한 것은 가상의 여성 '린다'에 관한 문제다.

린다는 31세의 독신녀로 외향적이며 매우 총명하다. 전공은 철학이었다. 학창 시절에는 차별이나 사회정의 문제에 큰 관심을 가졌고 반핵운동에도 참여했다. 린다는 현재 어떤 일을 하고 있을 가능성이 더 클까?

1. 은행 창구 직원이다.
2. 은행 창구 직원이면서 여성해방운동을 하고 있다.

대부분의 사람은 2번을 선택할 것이다. 하지만 논리적으로 생각해보면 1번은 단일 사건, 2번은 두 사건의 교집합에 해당한다. 두 가지 사건이 결합하여 일어날 확률은 한 가지 사건이 일어날 확률보다 절대 클 수 없다.

그럼 사람들은 왜 2번일 가능성이 높다고 생각할까? 그 이유는 휴리스틱Heuristics이라는 생각의 스타일이 영향을 미치기 때문이다. 휴리스틱은 빠른 생각 또는 시행적 사고로 풀이된다. 깊이 생각하지 않고 곧바로 답하는 사고를 말한다.

세상에는 느린 생각이 필요할 때가 있다. 머릿속에 즉시 떠오르지 않는 문제의 답을 알아내고자 노력하거나 해결책을 고심할 때 느린 생각이 가동된다. 하지만 그렇지 않은 경우도 많다. 일상의 사건을 능숙하게 처리할 때나 달리는 자동차를 피할 때처럼 순발력을 발휘할 때는 빠른 생각이 가동된다. 빠른 만큼 오류가 있거나 편향될 가능성이 있으나 그 정도 위험은 감수한다.

카너먼에 따르면 우리 뇌는 분석적이고 꼼꼼하게 정보를 처리하는 방식보다 빠르고 직관적으로 처리하는 방식에 더 많이 의존한다고 한다. 실제로 빠른 생각은 우리가 일상에서 내리는 수많은 선택과 판단에 은밀하게, 그리고 자동적으로 관여한다. '그래, 항상 하던 거잖아. 생각해볼 필요도 없이 이게 맞아.' 하는 식인데 대체로 성공할 때가 많아 우리는 이런 사고방식을 유지한다.

린다 문제만 봐도 그렇다. 누군가가 우리에게 그런 질문을 던졌다면 '린다는 은행 직원이지만 분명 여성해방운동도 할 거야'라는 생각을 끝으로 더 이상 이 문제를 들여다보지 않고 다음 화제로 넘어갈 가능성이 크다. 빠른 생각은 잘못을 바로잡기 어렵다는 것이 또 한 가지 특징이다.

| 얻을 때의 기쁨보다 잃을 때의 고통이 더 크다

카너먼과 트버스키가 함께 만들어낸 전망 이론에 따르면, 인간의 손익감정은 결코 대칭을 이루지 않는다고 한다. 이를 손실회피 심리라고 하는데, 손실과 이익을 직접 비교하거나 확률에 따른 가중치를 부여한 경우라도 손실이 이익보다 크게 느껴진다고 한다. 쉽게 말해 사람은 이익보다 손해에 더 민감하게 반응한다는 이야기다.

예를 들어보자. 당신은 다음의 두 가지 중에서 어느 쪽을 선택하겠는가?

A. 확실히 90만 원을 잃는다.
B. 90퍼센트의 확률로 100만 원을 잃는다.

또 다음과 같은 내기를 누군가가 제안한다면 승낙할 것
인가, 거절할 것인가?

C. 동전을 던져 앞면이 나오면 15만 원을 받고 뒷면이 나오
면 10만 원을 낸다.

A와 B의 선택지에서는 B를 선택하는 사람이 많다. 즉,
확실한 손실을 기피하고 손실이 전혀 없는 가능성에 기대를
걸게 된다. 또 C의 내기에서는 내기를 거절하는 사람들이
더 많다. 이익을 볼 가능성이 50퍼센트지만, 더 큰 손실을 볼
가능성도 50퍼센트이므로 그 정도로는 위험을 감수하지 않
으려 하는 것이다.

사람들은 이익을 추구하기보다 예상되는 손해를 먼저 피
하려 한다는 것을 알 수 있다. 참고로 C에서 얻을 수 있는 금
액이 20만 원으로 상승하면 내기에 참여하는 사람이 늘어나
는 것으로 나타났다. 이런 판단은 빠른 생각이 유도하는 것
이라고 카너먼은 설명한다.

카너먼과 트버스키는 전망 이론을 통해 인간의 의사결정
이 반드시 합리적이고 이성적이지 않다는 것을 증명했다. 전
망 이론은, 그때까지 경제학이 명확한 전제로 삼았던 '합리

적 경제인'이라는 생각의 전제를 무너뜨렸다는 데 의미와 가치가 있다.

| 빠른 생각도 합리적이다

앞의 린다 문제로 다시 돌아가보자. 논리학적으로 생각하면 물론 '은행 직원인 동시에 여성해방운동을 할 확률'은 그냥 은행 직원이 될 확률보다 낮다. 하지만 인생은 시간과 더불어 흘러가는 것이다. 그렇기에 '시간적 경위를 무시한 답에 의미가 있을까?'라는 질문은 분명 가치가 있다.

린다의 현재는 과거와의 관계에서 비롯된 현재다. 그녀의 인생에서 시간의 흐름을 무시할 수는 없지 않을까? 더욱이 반핵 데모까지 참가했던 사람이 은행 창구 직원이라는 단조로운 삶에 만족한다는 것은 쉽게 납득이 되지 않는다. 그렇기에 현재의 삶에서도 분명히 자신만의 방식으로 출구를 마련했을 것이라고 사람들은 판단하는 것이다.

시간을 무시한 채 논리학 문제로만 파악해 '잘못된 판단'이라고 단정 짓는 것은 편협한 시각이다. 다른 사람의 인생을 판단할 때는 그때까지 쌓아온 자신의 경험치가 반영되게 마련이다. 그런 의미에서 빠른 생각도 합리적 판단이 될 수 있을지 모른다. 중요한 것은 느린 생각과의 균형일 것이다.

| 자아, 인생, 이야기, 행복

《생각에 관한 생각》의 마지막 5부에서는 인생의 평가에 관해 이야기한다. 행복이나 긍정적 인생의 이상적인 모습을 다루는 것은 최근 심리학의 트렌드이지만 카너먼의 접근법은 조금 다르다.

카너먼은 '좋은 인생인가, 나쁜 인생인가'라는 평가도 인지적 판단인 이상, 일정한 편향을 피할 수 없다고 주장한다. 그는 여기에 초점 착각Focusing illusion이라는 이름을 붙였다.

예를 들어 미국의 쾌청한 캘리포니아 지역에 사는 사람들은 중서부 지역 사람들보다 더 행복하리라고 생각하는 것이 초점 착각의 사례다. 반대로 결혼하지 않은 사람은 기혼자들보다 불행하리라 생각하는 것 또한 초점 착각이다. 상쾌한 날씨 자체에만 초점을 맞추면 더없이 좋아 보이고, 독신이라는 상태 자체에만 초점을 맞추면 외로워 보인다. 하지만 우리가 생각하는 것만큼 날씨나 결혼 여부에 따라 인생 전체의 행복도가 좌우되지는 않는다. 행복에 필요한 요소는 너무도 다양하고 복합적이어서 우리 인생이 날씨 하나만으로는 결코 행복해질 수 없다. 이렇게 인생의 어느 한 가지 요소만 떼어놓고 들여다볼 때 우리의 예측은 상당히 과장되는 경우가 흔하다.

마지막으로 카너먼은 시간의 역할이 중요하다고 말한다. 우리는 매 순간을 살고 있는 것이 아니라 지속적인 시간 속에 살아간다. 그런데도 가장 좋았던 순간이나 끝나는 순간의 이미지에 초점을 맞추어 인생의 질을 평가하기 쉽다.

카너먼은 그것이 착각이라고 우리에게 말해주고 싶어 한다. 빠른 생각과 느린 생각, 경험하는 자아와 기억하는 자아, 이런 것의 대립을 뛰어넘은 곳에 인생의 행복을 찾는 열쇠가 있다는 것이 그가 정말 하고픈 말일 것이다. 그의 이야기는 심리학을 새로운 도전으로 안내한다.

세계 심리학 필독서 30

초판 1쇄 발행 2022년 3월 7일
초판 7쇄 발행 2024년 1월 15일

지은이 사토 다쓰야
펴낸이 정덕식, 김재현
펴낸곳 (주)센시오

출판등록 2009년 10월 14일 제300-2009-126호
주소 서울특별시 마포구 성암로 189, 1707-1호
전화 02-734-0981
팩스 02-333-0081
전자우편 sensio@sensiobook.com

편집 임성은
디자인 섬세한 곰

ISBN 979-11-6657-055-1 03180

소중한 원고를 기다립니다. sensio@sensiobook.com